Rund um Schiller

Kopiervorlagen für den Deutschunterricht

Erarbeitet von
Guido König, Elvira Langbein, Rosemarie Lange,
Donate Lindenhahn, Elke Wellmann und
Helmut Weyand

Cornelsen

Redaktion: Dirk Held, Berlin

Umschlaggestaltung: Katrin Nehm
Technische Umsetzung: Verlagsbüro Bauer & Lutz, Regensburg
Illustrationen: Egbert Herfurth, Leipzig

 http://www.cornelsen.de

1. Auflage   Druck 4 3 2 1   Jahr 05 04 03 02

© 2002 Cornelsen Verlag, Berlin
Das Werk und seine Teile sind urheberrechtlich geschützt.
Jede Verwertung in anderen als den gesetzlich zugelassenen Fällen
bedarf deshalb der vorherigen schriftlichen Einwilligung des Verlages.
Die Kopiervorlagen dürfen für den eigenen Unterrichtsgebrauch
in der jeweils benötigten Anzahl vervielfältigt werden.

Druck: Saladruck, Berlin

ISBN 3-464-12174-7

Bestellnummer 121747

Gedruckt auf Recyclingpapier, hergestellt aus 100 % Altpapier.

Inhaltsverzeichnis

Methodische Hinweise ... S. 5

Spielerisches

Schillers Schattenriss	Schattenriss Schillers puzzeln	S. 6
Ein Schillerquiz	Quiz auf Basis von Wahlantworten lösen	S. 7
Rätselgedichte	Rätsel lösen und gestalten	S. 8
Zitatenquiz	Zitate rekonstruieren	S. 10
Ver-rückte Schillerzitate	Zitate wiederherstellen	S. 11
14 Titel – ein Suchspiel	Titel im Buchstabengitter finden	S. 12
Anekdoten rund um Schiller	Textform Anekdote	S. 13

Biografisches

Schiller und seine Zeit – ein Poster	Poster aus Bild- und Textmaterialien herstellen	S. 14
Eine Kindheit in Schwaben	Informationen aus Texten entnehmen	S. 18
Die Karlsschule und „Die Räuber"	Schillers Lebenssituation erfassen, Brief und Chronik schreiben	S. 20
Christian Gottfried Körner – ein wahrer Freund	Bedeutung Körners für Schiller herausfinden	S. 24
Schiller als Zeichner	Anekdote auf Basis einer Zeichnung schreiben	S. 25
An die Freude – Schiller 1989	Schiller in aktuellem Kontext	S. 26
Der Freundschaftsbund mit Goethe – die Xenien	Sinnsprüche überdenken und vorstellen	S. 27
Hoffnungen und Ängste	Informationen entnehmen und Schaubild gestalten	S. 28
Schillers Leben auf einen Blick	Lückentext ausfüllen	S. 30

Schiller als Lyriker

Der Handschuh – eine spannende Story	Gedicht rekonstruieren	S. 31
Der Handschuh – im Gespräch	Dialoge und Bänkelsang formulieren, sich mit zeitgenössischer Meinung auseinander setzen	S. 32
Der Handschuh – ein Schattenspiel	Ballade als Schattenspiel gestalten	S. 34
Der Handschuh – eine sächsische Ballade	Ballade in Mundart vortragen und in Jugendsprache umschreiben	S. 35
Die Bürgschaft – eine dramatische Szene	Ballade szenisch gestalten	S. 36
Die Bürgschaft – ein Comic	einen Comic herstellen	S. 40
Die Bürgschaft – ein Hörspiel	ein Hörspiel produzieren	S. 41
Der Ring des Polykrates – ein historischer Bericht	einen historischen Bericht erfassen	S. 42
Der Ring des Polykrates – ein gedankliches Spiel	Ballade durch produktive Schreibaufgaben erschließen	S. 43
Die Kraniche des Ibykus – ein Krimi	Die Ballade als Krimi erzählen	S. 46
Die Kraniche des Ibykus – Goethes Tipps	Goethes Einfluss auf die Ballade nachvollziehen	S. 49
Kindsmord: damals und heute	Ballade erschließen und Gegenwartsbezug prüfen	S. 50
An die Sonne	Lücken im Gedicht ausfüllen	S. 52
Würde der Frauen	Ideengehalt erfassen, kritisch hinterfragen und aktualisieren	S. 53
Punschlied	ein Punschrezept gestalten, den Inhalt mit Hilfen erschließen, Brief schreiben	S. 55
Der Jüngling am Bache – Sehnsucht	zwei Gedichte aus vermischten Strophen rekonstruieren	S. 57
Der Pilgrim	Reihenfolge der Strophen rekonstruieren	S. 58
Die Worte des Glaubens	Argumentation erkennen	S. 59

Schiller als Dramatiker
Kabale und Liebe – ein Theaterprojekt   Erschließen einer Szene: Figurencharakteristik,
                                          Arrangementskizze, Bühnenbild, Plakat,
                                          Programmheft, Lesen mit verteilten Rollen,
                                          szenisches Gestalten   S. 60

Turandot, Prinzessin von China   Dramenausschnitt erschließen, Lesen mit
                                          verteilten Rollen, Rätselgedichte erfinden   S. 63

Wilhelm Tell – nacherzählt   Nacherzählung des Dramas kreativ erschließen,
                                          Postkarte schreiben und gestalten, Sage schreiben S. 66

Wilhelm Tell im Labyrinth   bekannte Zitate herausfinden   S. 71

Schiller als Erzähler
Der Verbrecher aus verlorener Ehre   Drei Reden vor Gericht schreiben   S. 72
Eine großmütige Handlung   Lückentext auffüllen, produktive Schreibaufgaben S. 74
Die Teilung der Erde   Schillers Selbstverständnis aus einem Gedicht
                                          erschließen   S. 76

Lösungen
Originaltexte und Lösungen   S. 77

Methodische Hinweise

Die Kopiervorlagen in diesem Heft können sowohl einzeln eingesetzt als auch zu Unterrichtseinheiten kombiniert werden. Dazu wurden die Kopiervorlagen zu Themenkreisen zusammengestellt. Da, wo die Textmenge es nötig macht, dass mehr als eine Seite für eine Aufgabe verwendet wird, wird der Hinweis „Fortsetzung auf Seite XX" bzw. „Fortsetzung von Seite XX" gegeben. Welche Seiten Sie für Ihren Unterricht tatsächlich auswählen, hängt von verschiedenen Faktoren ab:

- Welchen Wissensstand haben die Schülerinnen und Schüler?
- Welche Differenzierung ist auf Grund der Leistungsunterschiede innerhalb der Klasse notwendig? (Unter Umständen lassen sich die verschiedenen Kopiervorlagen zur Binnendifferenzierung nutzen.)
- Welche Unterrichtsmethoden sind in der Klasse bisher schon eingeführt? (Zusammen mit den Lösungen lassen sich viele Arbeitsblätter für Gruppen- und Freiarbeit nutzen.)

Eine Empfehlung, welches Arbeitsblatt in welcher Klassenstufe eingesetzt werden sollte, möchten wir nicht geben. Grundsätzlich hatten wir bei der Konzeption die Mittelstufe vor Augen. Sicher können einige der Kopiervorlagen aber auch in der Unter- und in der Oberstufe verwendet werden. Durch die unterschiedliche Herangehensweise der einzelnen Altersstufen an bestimmte Aufgaben kann sich das Ergebnis dann zwar leicht unterscheiden, Gewinn bringend ist die Beschäftigung mit dem Thema aber trotzdem zu jeder Zeit.

Abschließend möchten wir darauf hinweisen, dass sich Arbeitsblätter, die in sich abgeschlossen sind und sich in Anspruch und Zielsetzung auf einen Blick erschließen lassen, auch sehr gut für den Einsatz in Vertretungsstunden eignen.

Schillers Schattenriss

Zu Schillers Zeit waren Schattenrisse sehr beliebt. Mit keiner anderen Technik konnte man eine größere Ähnlichkeit erzielen, denn Fotos gab es damals noch nicht.

Aufgaben

1. Schneide die Puzzleteile aus.
   Setze den Schattenriss zusammen.
   Klebe den Schattenriss auf.
2. Erstelle einen Schattenriss von deinem Kopf.
   Gehe dabei so vor:
   – Hefte ein Stück Papier an die Wand.
   – Projiziere mit Hilfe einer Lampe (Diaprojektor, Taschenlampe) den Schatten deines Kopfes auf das Papier.
   – Eine Mitschülerin oder ein Mitschüler zieht den Umriss deines Kopfes nach.
   – Schneide den Schattenriss aus.
3. Male deinen Schattenriss schwarz aus und umrahme ihn.

Ein Schillerquiz

Welche Ballade ist nicht von Schiller?	
Der Handschuh ❏	Der Fischer ❏
Die Bürgschaft ❏	Der Taucher ❏

Auf welche Frucht musste Wilhelm Tell schießen?	
einen Apfel ❏	eine Birne ❏
eine Melone ❏	eine Orange ❏

Wie endet die Ballade „Die Bürgschaft"?	
mit dem Tod des Tyrannen ❏	mit dem Tod des Verschwörers ❏
versöhnlich ❏	mit der Flucht des Verschwörers ❏

Wer war Ibykus?	
ein Tyrann ❏	ein Sänger ❏
ein Sportler ❏	ein Tierschützer ❏

Welches Drama ist nicht von Schiller?	
Maria Stuart ❏	Wallenstein ❏
Wilhelm Tell ❏	Götz von Berlichingen ❏

In welcher Stadt wohnte Schiller nie?	
in Marbach ❏	in Weimar ❏
in Lorch ❏	in Köln ❏

Wo wird der Ring des Polykrates wieder gefunden?	
im Magen eines Fisches ❏	im Müllcontainer ❏
bei einem Antiquitätenhändler ❏	in der Küchenschürze eines Kochs ❏

Womit hat Wilhelm Tell geschossen?	
mit einem Gewehr ❏	mit einer Gaspistole ❏
mit einem Revolver ❏	mit einer Armbrust ❏

Welche Vögel bezeugen den Mord an Ibykus?	
die Kraniche ❏	die Enten ❏
die Störche ❏	die Geier ❏

Wo erwartet König Franz das Kampfspiel?	
in der Arena ❏	im Stadion ❏
im Löwengarten ❏	im Zirkus ❏

Was trug Damon in der „Bürgschaft" unter dem Gewand?	
einen Haftbefehl ❏	ein Geschenk ❏
einen Dolch ❏	einen Brief ❏

Aufgaben

1. Kreuze die richtige Antwort an.
   Wenn du die Antwort nicht weißt, schlage in einer Schillerausgabe nach.
2. Ihr könnt das Quiz auch zu zweit spielen.
   Einer stellt die Frage und liest die Lösungsmöglichkeiten vor. Der andere antwortet.
   Wenn ihr beide die Lösung nicht wisst, schlagt in einer Schillerausgabe nach.

Rätselgedichte

1. Rätsel

Von Perlen baut sich eine Brücke
    Hoch über einen grauen See,
Sie baut sich auf im Augenblicke,
    Und schwindelnd steigt sie in die Höh'.

5 Der höchsten Schiffe höchste Masten
    Ziehn unter ihrem Bogen hin,
Sie selber trug noch keine Lasten,
    Und scheint, wenn du ihr nahst, zu fliehn.

    Sie *wird* erst *mit* dem Strom und schwindet,
10   Sowie des Wassers Flut versiegt.
So sprich, *wo* sich die Brücke findet,
    Und wer sie künstlich hat gefügt?

2. Rätsel

Ich drehe mich auf einer Scheibe,
Ich wandle ohne Rast und Ruh,
Klein ist das Feld, das ich umschreibe,
Du deckst es mit zwei Händen zu –
5 Doch brauch ich viele tausend Meilen,
Bis ich das kleine Feld durchzogen,
Flieg ich gleich fort mit Sturmeseilen,
Und schneller als der Pfeil vom Bogen.

3. Rätsel

Unter allen Schlangen ist eine,
    Auf Erden nicht gezeugt,
Mit der an Schnelle keine,
    An Wut sich keine vergleicht.

5 Sie stürzt mit furchtbarer Stimme
    Auf ihren Raub sich los,
ertilgt in *einem* Grimme
    Den Reiter und sein Ross.

Sie liebt die höchsten Spitzen,
10   Nicht Schloss, nicht Riegel kann
Vor ihrem Anfall schützen,
    Der Harnisch – lockt sie an.

Sie bricht wie dünne Halmen
    Den stärksten Baum entzwei,
15 Sie kann das Erz zermalmen,
    Wie dicht und fest es sei.

Und dieses Ungeheuer
    Hat zweimal nur gedroht –
Es stirbt im eignen Feuer,
20   Wie 's tötet, ist es tot!

Aufgabe

1. Versuche die Rätsel zu lösen.
Beschreibe zuerst, was dir beim Lesen der Rätsel durch den Kopf geht.
Nimm dann Seite 9 zur Hand.

Fortsetzung von Seite 8 **Rätselgedichte**

Aufgabe

2. Du hast eines der Rätsel gelöst?
   Dann kannst du dein Lösungswort jetzt gestalten.
   Verwende dafür einzelne Wörter des Rätsels.
   Hier siehst du ein Beispiel zu Rätsel Nummer 2:

Zitatenquiz

1
A	Die Axt im Haus erspart den Zimmermann.
F	Die Axt im Haus gehört dem Zimmermann.
G	Die Axt gehört ins Haus des Zimmermanns.

2
B	Es kann der Frömmste nicht im Frieden bleiben, wenn er dem bösen Nachbarn nicht gefällt.
C	Es kann der Frömmste nicht zufrieden bleiben, wenn es dem bösen Nachbarn nicht gefällt.
D	Es kann der Frömmste nicht im Frieden bleiben, wenn es dem bösen Nachbarn nicht gefällt.

3
H	Drum prüfe, wer sich ewig bindet, ob sich nicht doch ein andrer findet.
A	Drum prüfe, wer sich ewig bindet, ob sich das Herz zum Herzen findet.
K	Drum prüfe ewig, wer sich bindet, ob sich ein Herz zum Herzen findet.

4
P	Der Mann ist frei geschaffen, ist frei und hat seine Ketten verloren.
R	Der Mensch ist frei geschaffen, ist frei, und würd er in Ketten geboren.
S	Die Frau ist frei geschaffen, ist frei, und wird ohne Ketten geboren.

5
L	Der Alte stürzt, es war auch Zeit, und neues Leben blüht aus den Ruinen.
M	Das Alte stürzt, es ändern sich die Zeiten, und neues Leben blüht aus den Ruinen.
N	Das Alte stürzt, es ändern sich die Zeiten, es war kein Leben mehr in den Ruinen.

Aufgabe

1. Die Kästchen enthalten Schillerzitate.
   Suche jeweils das richtige Zitat heraus. Notiere mit Bleistift den Kennbuchstaben.
   Bringe die Kennbuchstaben in die richtige Reihenfolge. So erhältst du das Lösungswort.

Kennbuchstaben
1 2 3 4 5

Lösungswort

Ver-rückte Schillerzitate

Spät kommt ihr, doch ihr kommt,
zu tauchen in diesen Schlund?

Arbeit ist des Bürgers Zierde,
der Übel größtes aber ist die Schuld.

Das Leben ist der Güter höchstes nicht,
Segen ist der Mühe Preis.

Zu Dionys, dem Tyrannen, schlich
getroffen von der Rache Strahl.

Rasch tritt der Tod den Menschen an,
und ist von ihrem Gruß beglückt.

Raum ist in der kleinsten Hütte
wenn sie der Mensch bezähmt, bewacht.

Und es gestehn die Bösewichter,
Damon, den Dolch im Gewande;

Wo rohe Kräfte sinnlos walten,
kann die Wohlfahrt nicht gedeihn.

Wohltätig ist des Feuers Macht,
für ein glücklich liebend Paar.

Errötend folgt er ihren Spuren
es ist ihm keine Frist gegeben.

Wer wagt es, Rittersmann oder Knapp,
der weite Weg entschuldigt euer Säumen.

Wenn sich die Völker selbst befrei'n,
kann sich kein Gebild gestalten.

Fest gemauert in der Erden
ist kein ew'ger Bund zu flechten.

Doch mit des Geschickes Mächten
steht die Form, aus Lehm gebrannt.

Aufgabe

1. Auf dieser Seite sind 14 Schillerzitate durcheinander geraten.
   Jedes besteht aus zwei Teilen.
   Setze die Schillerzitate richtig zusammen.
   Überprüfe deine Ergebnisse mit dem Lösungsteil.

14 Titel – ein Suchspiel

A	D	B	D	I	E	B	Ü	R	G	S	C	H	A	F	T	C	D	D
E	I	F	G	H	I	J	K	L	M	N	O	P	Q	R	S	T	D	E
D	E	R	H	A	N	D	S	C	H	U	H	U	V	W	X	Y	I	R
Z	J	A	B	C	D	E	F	G	H	I	J	K	L	M	N	O	E	R
P	U	Q	R	S	T	U	V	W	X	Y	Z	A	B	C	D	E	K	I
F	N	G	H	I	J	K	L	M	N	O	P	Q	R	S	T	U	R	N
V	G	W	X	Y	Z	M	A	R	I	A	S	T	U	A	R	T	A	G
A	F	W	I	L	H	E	L	M	T	E	L	L	B	C	D	E	N	D
F	R	A	G	H	I	J	K	L	D	M	N	O	P	Q	R	S	I	E
W	A	L	L	E	N	S	T	E	I	N	S	L	A	G	E	R	C	S
T	U	L	U	V	W	X	Y	Z	E	A	D					H	P	
B	V	E	C	D	E	F	G	H	R	I	E					E	O	
D	O	N	C	A	R	L	O	S	Ä	J	R					D	L	
K	N	S	L	M	N	O	P	Q	U	R	T					E	Y	
S	O	T	T	U	V	W	X	Y	B	Z	A					S	K	
A	R	E	I	T	E	R	L	I	E	D	U					I	R	
B	L	I	C	D	E	F	G	H	R	I	C					B	A	
J	E	N	K	L	M	N	O	P	Q	R	H					Y	T	
D	A	S	L	I	E	D	V	O	N	D	E	R	G	L	O	C	K	E
S	N	T	T	U	V	W	X	Y	Z	A	R	B	C	D	E	F	U	S
G	S	O	H	I	J	K	L	M	N	K	O	L	U	M	B	U	S	O
A	N	D	I	E	F	R	E	U	D	E	P	Q	R	S	T	U	V	W

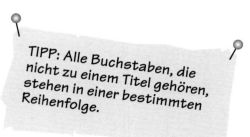

TIPP: Alle Buchstaben, die nicht zu einem Titel gehören, stehen in einer bestimmten Reihenfolge.

Aufgaben

1. Hier sind noch 14 weitere Titel versteckt. Suche und markiere sie. Beachte den Tipp.

2. Ihr könnt auch um die Wette suchen.

Anekdoten rund um Schiller

Anekdoten erzählen oft von einer berühmten Person. Dabei steht meist eine bestimmte herausragende Eigenschaft dieser Person im Mittelpunkt.

Der kleine Schiller schenkte für sein Leben gern. Er setzte dadurch seine sparsamen Eltern nicht selten in Verlegenheit. Einmal bemerkte sein Vater, dass er seine Schuhe mit Bändern statt mit den damals gebräuchlichen Schuhschnallen befestigt hatte. Als er ihn zur Rede stellte, bekannte der Kleine, dass er sie einem armen Jungen gegeben habe. Er selbst habe ja noch ein Paar auf den Sonntag. Diesmal ließ es der Vater ihm hingehen, wenn er aber immer wieder seine Schulbücher verschenkte, die der Vater dann neu anschaffen musste, gab es Verweise und Strafen. Das Verschenken konnte er dennoch nie ganz lassen, und seine ältere Schwester war genau wie der Bruder und nahm häufig die Mitschuld auf sich, um ihn zu schützen. Er selbst handelte unter einem inneren Zwang, wie er ihn selber später im „Tell" geschildert hat: „Ich hab getan, was ich nicht lassen konnte!"

•••

Der junge Schiller hatte Spaß daran, Personen zu imitieren. Davon hörte der Herzog, und als er eines Tages mit seiner Frau Franziska die Akademie besuchte, forderte er Schiller auf, er solle einmal an ihm selber, dem Herzog, seine Kunst versuchen. Schiller weigerte sich vergeblich und erklärte zuletzt, er müsse es tun, wenn der Herzog darauf bestehe, aber alsdann brauche er auch den Stock Seiner Durchlaucht. Nun nahm er Gesten und Redeweise des prüfenden Herzogs an und begann ein Verhör. Als aber Seine Durchlaucht nicht eben gut bestanden, fuhr Schiller heraus: „Potztausend Sakrament, Er ist ein Esel!", nahm Franziska in den Arm und wollte mit ihr fort. Da rief der Herzog in einiger Bestürzung: „Hör Er, lass Er mir die Franzel!"

•••

Aufgaben

1. Lies beide Anekdoten. Welche Eigenschaften Schillers werden beschrieben? Gib jeder Anekdote eine passende Überschrift.

2. Schreibe eine kurze Anekdote über dich. Stelle eine deiner Eigenschaften in den Mittelpunkt.

Schiller und seine Zeit – ein Poster

Aufgaben

1. Gestalte ein Schillerposter für den Klassenraum.
   Gehe so vor:
   a) Schneide alle Kärtchen und Bilder aus (S. 14–17).
   b) Ordne nach
      - Kärtchen zu Schillers Leben,
      - Kärtchen zu Schillers Werken,
      - Kärtchen zur Geschichte,
      - Bildmaterialien.
   c) Stelle Kärtchen und Bilder nun zu Gruppen zusammen, die jeweils Auskunft zu einer bestimmten Zeit in Schillers Leben geben.
      - Ordne dafür zuerst die Kärtchen zu Schillers Leben zeitlich.
      - Lege die passenden Werke- und Geschichtekärtchen dazu.
      - Ergänze zum Schluss die passenden Bilder.
   d) Suche eine schöne Unterlage für dein Poster, z. B. eine bunte Pappe.
      Klebe die Kärtchen und Bilder auf.
   e) Gib jeder Zeit in Schillers Leben eine schöne große Überschrift.

2. Erläutere deinen Mitschülern mit Hilfe des Posters, welche Zusammenhänge zwischen Schillers Leben und den geschichtlichen Ereignissen bestehen.

Goethe-Schiller-Denkmal vor dem Nationaltheater in Weimar

FRANZÖSISCHE REVOLUTION 1789
- 14. Juli: Sturm auf die Bastille
- Abschaffung von Adelsvorrechten
- 26. August: Erklärung der Menschen- und Bürgerrechte: Der Mensch ist von Geburt an frei. Alle haben die gleichen Rechte. Religions- und Meinungsfreiheit werden garantiert.

George Washington

1799–1805
- 1799: Umzug nach Weimar
- Freundschaft mit Goethe, reger Gedankenaustausch, enge Zusammenarbeit
- 1802: Erhebung in den Adelsstand
- Brotarbeit für Frau und vier Kinder
- Höhepunkt des dramatischen Schaffens
- 9.5.1805: Tod

NAPOLEON 1799
- 9. November: Napoleon reißt die Macht an sich
- Alleinherrscher in Frankreich
- 1804: Napoleon krönt sich selbst zum Kaiser

Fortsetzung auf Seite 15

Fortsetzung von Seite 14

Schiller und seine Zeit – ein Poster

- 1791–1793 Geschichte des Dreißigjährigen Krieges
- 1793 Über Anmut und Würde
- 1795 Briefe über die ästhetische Erziehung des Menschen
- 1795/96 Über naive und sentimentalische Dichtung
- 1796–1799 Wallenstein-Trilogie
- 1797/98 berühmte Balladen. Der Taucher, Der Ring des Polykrates, Die Kraniche des Ibykus, Der Handschuh, Die Bürgschaft

„Die Räuber" – Cover der zweiten Auflage

Charlotte von Lengefeld

1759–1772
- 10.11.1759: Geburt in Marbach am Neckar
- Vater: Johann Kaspar, Arzt und Offizier im Dienst Karl Eugens, des Herzogs von Württemberg
- Mutter: Elisabeth Dorothea, geb. Kodweiß, Tochter eines Gastwirtes
- 1772: Schiller besteht das Landexamen, der Weg zum Studium ist geöffnet

1780–1787
- 1780–82: Regimentsarzt in Stuttgart
- 1782: Schiller flieht aus dem Herzogtum Württemberg, nachdem Karl Eugen ihm das „Komödienschreiben" verboten hat.
- 1783–84: Jahresvertrag als Theaterdichter in Mannheim
- 1784/85: Erkrankung, Geldnot
- 1785–87: Schiller ist zu Gast bei Christian Gottfried Körner; Beginn einer lebenslangen Freundschaft

Die Arbeit der französischen Nationalversammlung

Napoleon

1787/88–1789
- 1787 Weimar: Begegnung mit führenden Persönlichkeiten des gesellschaftlichen und kulturellen Lebens (Herzogin Anna Amalia, Herder, Wieland, erste Begegnung mit Goethe)
- historische Studien
- 1789 Jena: Berufung zum Professor für Geschichte (ohne Bezüge)
- Verlobung mit Charlotte von Lengefeld

Fortsetzung auf Seite 16

Fortsetzung von Seite 15

Schiller und seine Zeit – ein Poster

Die Karlsschule

Erklärung der Menschen- und Bürgerrechte

WEIMAR 1800 (Aufgeklärter Absolutismus)
- Weimar ist kulturelles Zentrum. Hier leben Christoph Martin Wieland, Johann Gottfried Herder, Johann Wolfgang Goethe und seit 1799 auch Friedrich Schiller
- „Weimarer Klassik": die bekannteste Epoche der deutschen Literaturgeschichte

- 1800 Maria Stuart
- 1801 Die Jungfrau von Orleans
- 1803 Die Braut von Messina
- 1804 Wilhelm Tell

1790–1798
- Heirat mit Charlotte von Lengefeld
- schwere Krankheit
- 1791: Pension vom dänischen Hof über 3000 Taler für drei Jahre
- 1792: Ernennung zum Ehrenbürger der Republik Frankreich
- 1794: Beginn der Freundschaft mit Goethe
- 1797: Balladenjahr

Schiller als Karlsschüler

AMERIKANISCHE UNABHÄNGIGKEIT 1776
- 13 nordamerikanische Staaten beschließen die Unabhängigkeit der „Vereinigten Staaten" von der Kolonialmacht England. In der Unabhängigkeitserklärung heißt es: „Alle Menschen sind gleich geschaffen. Sie sind von ihrem Schöpfer mit unveräußerlichen Rechten ausgestattet. Dazu gehören Leben, Freiheit und Streben nach Glück."
- 1783: England erkennt die Unabhängigkeit an.
- George Washington wird der erste Präsident der USA.

1773–1780
- Herzog Karl Eugen zwingt Schiller zum Eintritt in die Karlsschule
- militärisch geregelter Tagesablauf, ständige Aufsicht, Einengung der Freiheit
- Studium alter Sprachen, der Naturwissenschaften, der Rechtswissenschaften, ab 1776 der Medizin (Abschluss: Dr. med.)

Fortsetzung auf Seite 17

Fortsetzung von Seite 16

Schiller und seine Zeit – ein Poster

Herzog Karl Eugen

- 1787 Don Carlos
- 1788 Geschichte des Abfalls der Vereinigten Niederlande
- 1789 Antrittsvorlesung: Was ist und zu welchem Zweck studiert man Universalgeschichte?

Der treue Freund Gottfried Körner

- 1781 Die Räuber (Veröffentlichung)
- 1783 Die Verschwörung des Fiesco zu Genua
- 1784 Kabale und Liebe

Das Geburtshaus

KARL EUGEN 1744 (Absolutismus)
1744: mit 16 Jahren übernimmt Karl Eugen die Regierung in Württemberg. Seine Regierung zeichnet sich aus durch
- Willkürherrschaft
- teure Hofhaltung
- starke Steuerbelastung des armen Volkes
- Soldatenverkäufe, z. B. nach Amerika

- 1785 Ode an die Freude
- 1786 Verbrecher aus verlorener Ehre

- 1777 Die Räuber (erste Szenen entstehen)

Professor Abel

Eine Kindheit in Schwaben

Friedrich Schiller wurde am 10. November 1759 in Marbach am Neckar geboren. In den ersten vier Jahren lebte der kleine Fritz, ein schwächliches Kind, das unter Krämpfen litt, allein mit seiner Mutter und der um zwei Jahre älteren Schwester Christophine in der gleichen Stube. Sein Vater, Johann Kaspar Schiller, war Offizier in herzoglich-württembergischen Diensten und nahm zu der Zeit mit seinem Regiment am Siebenjährigen Krieg gegen Preußen teil.

Anfang 1762 kehrte der Vater, inzwischen zum Hauptmann befördert, in die Heimat zurück. Er erhielt einen Posten in der freien Reichsstadt Schwäbisch-Gmünd. Da ihm als sparsamem Mann aber das Leben in dieser Stadt zu teuer war, zog er mit Frau und Kindern in das nahe gelegene Dorf Lorch. Hier im engen Remstal zwischen Hügeln und dunklen Wäldern wuchs der Knabe auf. Er sah seiner Mutter sehr ähnlich. Von ihr hatte er seine schlanke Gestalt und die rötlichen Haare, die breite Stirn, die zarte Haut mit den vielen Sommersprossen und die zwinkernden, empfindlichen Augen. Er war ein sehr folgsames Kind und ein freundlicher, lebhafter, mitunter auch übermütiger Spielkamerad.

Bereits mit fünf Jahren besuchte er die Lorcher Dorfschule und im nächsten Jahr konnte ihn der Vater zum Pfarrer Moser schicken, um Latein zu lernen. Dieser Dorfpfarrer war ein ungewöhnlicher Mann, den der junge Fritz sehr bewunderte.

Aber bald, Schiller war noch nicht einmal sieben Jahre alt, wurde der Vater in seine frühere Garnison nach Ludwigsburg versetzt. Er nahm seine Familie mit. Aus einer ländlichen Idylle kam der Junge nun in eine Stadt, in der es damals laut und prächtig zuging, denn der vergnügungssüchtige Herzog Karl Eugen hielt hier in diesen Jahren Hof.

In Ludwigsburg ging Schiller in die Lateinschule. Die Lehrer waren streng. Er musste den Lernstoff, der zum überwiegenden Teil aus Latein bestand, auswendig lernen. Doch der Vater war noch strenger als die Lehrer. So stand er z.B. vom Tisch auf, wenn es ihm am besten schmeckte. Das Gleiche verlangte er von seinen Kindern.

Jedes Jahr musste der junge Schiller in Stuttgart eine Prüfung ablegen. Diese Prüfungen, von denen die Zulassung zum Studium abhing, waren in ganz Schwaben berüchtigt. Auch Fritz hatte jedes Mal fürchterliche Angst davor, aber seine Sorgen waren unbegründet. Dreimal bestand er diese Prüfungen mit der besten Note, einmal schaffte er sie im zweiten Anlauf. In seinem 13. Lebensjahr wurde der Knabe konfirmiert. Am Vorabend dieses Ereignisses schlenderte er noch sorglos auf der Straße herum. Seine Mutter, die eine gottesfürchtige Frau war und der ein solches Verhalten nicht gefiel, machte ihm Vorhaltungen. Daraufhin zog er sich in sein Zimmer zurück und schrieb sein erstes ernsthaftes Gedicht. Der Vater soll beim Lesen ausgerufen haben: „Bist du närrisch geworden, Fritz!" Bereits einige Monate später griff der regierende Herzog Karl Eugen entscheidend in das Leben Friedrich Schillers ein: Er befahl ihm den Eintritt in die Karlsschule.

Schillers Vater Johann Kaspar

Schillers Mutter Elisabeth Dorothea, geb. Kodweiß

Fortsetzung auf Seite 19

Fortsetzung von Seite 18 **Eine Kindheit in Schwaben**

Schillers Geburtshaus in Marbach

Lorch (1764)

Der Vater berichtet:

Als Kind von fünf Jahren war er schon auf alles aufmerksam, was ich meiner Gewohnheit gemäß im Familienzirkel vorlas: Er fragte immer noch besonders über den Inhalt desselben, bis er ihn recht gefasst hatte. Am liebsten hörte er zu, wenn ich Stellen aus der Bibel las oder
5 im Familienkreise meine Morgen- und Abendandachten verrichtete, wo er sich immer von seinen liebsten Spielen losmachte und herbeieilte … Seine Folgsamkeit sowie sein natürlich zarter Sinn für alles Gute und Schöne zog unwiderstehlich an und doch ließ er nie seine Geschwister noch kleine Freunde eine Überlegenheit fühlen, er war
10 immer bescheiden und entschuldigte andern ihre Fehler.

Lorch (1765/1766)

Die Schwester berichtet:

Von meinem Vater aber wurde er zum Geistlichen bestimmt und er selbst zeigte von früher Jugend an Neigung für diesen Stand, als Knabe von sechs, sieben Jahren trat er oft, mit einer schwarzen Schürze umgeben, auf einen Stuhl und predigte uns; alles musste aufmerksam
5 zuhören, bei dem geringsten Mangel an Andacht wurde er sehr heftig: Der Gegenstand seiner Predigt war etwas, was wirklich sich zugetragen hatte, oft auch ein geistlich Lied oder Spruch, worüber er nach seiner Art eine Auslegung machte, er selbst war immer ganz eifrig und zeigte da schon Lust und Mut, die Wahrheit zu sagen. Aber immer war
10 er gut, sanft und nachgiebig gegen seine Schwestern.

Aufgaben

1. Beschreibe Schillers Kindheit mit eigenen Worten.

2. Der Herzog Karl Eugen will wissen, ob es sich lohnt, den jungen Schiller zum Staatsbeamten ausbilden zu lassen. Er beauftragt einen Lehrer Schillers damit, ein Gutachten zu schreiben.
Schreibe das Gutachten über den jungen Friedrich Schiller.

Die Karlsschule und „Die Räuber"

Auf Befehl des Herzogs Karl Eugen muss der dreizehnjährige Schiller in die Karlsschule eintreten. Die Karlsschule verbindet ein modernes Schulsystem mit einer strengen militärischen Erziehung, die den Schülern keinerlei Freiheit lässt und in der Schläge an der Tagesordnung sind.
Doch neben dem militärischen Leben führen Schiller und seine Freunde eine zweite heimliche Existenz. Sie gründen einen Geheimbund, der in Gedichten und Liedern gegen die Unterdrückung aufbegehrt.

Aufgaben

1. Schreibe aus Schillers Sicht einen Brief an seinen Freund Andreas Streicher.
   Folgendes könnte in dem Brief stehen:
   – Schiller beschreibt seine Zeit in der Karlsschule,
   – Schiller benennt seine Gedanken und Gefühle,
   – Schiller erklärt die Bedeutung, die der poetische Geheimbund für ihn hatte.

   a) Lies die Materialien auf den nächsten Seiten.
   b) Markiere die Informationen, die dir wichtig sind.
   c) Verwende diese Informationen in deinem Brief.
      Nutze zum Schreiben auch die Rückseite dieses Blattes.

   Lieber Andreas,

2. Schreibe im Auftrag des Herzogs eine kurze Chronik der Karlsschule.

Fortsetzung auf Seite 21

Die Karlsschule und „Die Räuber"

Der Herzog als Erzieher

Die Karlsschule war das Lieblingskind des Fürsten. Die Rolle als Landesvater, in der er sich so gern sah – hier konnte er sie tagtäglich gegenüber seinen Zöglingen spielen, die er als seine „Söhne" betrachtete. Er erwartete von ihnen den „vollkommensten Respekt" und Dankbarkeit. Die Schüler hatten ihren „Vater" auf Schritt und Tritt vor Augen. Karl Eugen schaute sie von den Deckengemälden herab wie ein Halbgott an, in allen Stuben hing sein Bild und auf dem Hof der Anstalt hatte man ein Reiterbild des Herzogs errichtet. Um die Schule kümmerte er sich unentwegt: Er übernahm nicht nur die Oberaufsicht, sondern griff auch regelmäßig – über den Kopf des Anstaltdirektors Seeger hinweg – in den Ablauf des schulischen Lebens ein. Er nahm Einfluss auf den Lehrplan, prüfte selbst die Lehrbücher und bestimmte die Themen für Vorträge und Streitgespräche. Tag für Tag ließ er sich schriftlich oder mündlich Bericht erstatten. Lehrer und Schüler mussten jederzeit mit einem Kontrollbesuch rechnen. In jede Tür war ein kleines Guckfenster eingelassen, durch das der Herzog den Unterricht beobachten konnte. Er lobte und tadelte, verteilte Preise und verhängte Strafen. Bei Verstößen gegen die Disziplin scheute er nicht davor zurück, eigenhändig Ohrfeigen oder Rutenhiebe auszuteilen. Karl Eugen tat alles, um die Zöglinge von der Außenwelt abzusperren und sie von ihrer Familie zu entfremden.

Herzog Karl Eugen

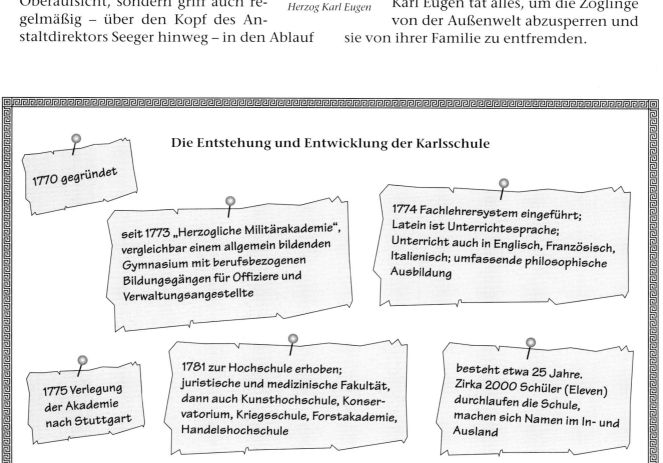

Die Entstehung und Entwicklung der Karlsschule

- 1770 gegründet
- seit 1773 „Herzogliche Militärakademie", vergleichbar einem allgemein bildenden Gymnasium mit berufsbezogenen Bildungsgängen für Offiziere und Verwaltungsangestellte
- 1774 Fachlehrersystem eingeführt; Latein ist Unterrichtssprache; Unterricht auch in Englisch, Französisch, Italienisch; umfassende philosophische Ausbildung
- 1775 Verlegung der Akademie nach Stuttgart
- 1781 zur Hochschule erhoben; juristische und medizinische Fakultät, dann auch Kunsthochschule, Konservatorium, Kriegsschule, Forstakademie, Handelshochschule
- besteht etwa 25 Jahre. Zirka 2000 Schüler (Eleven) durchlaufen die Schule, machen sich Namen im In- und Ausland

Fortsetzung von Seite 21

Die Karlsschule und „Die Räuber"

Friedrich Schiller als Karlsschüler
Friedrich Schiller verbringt seine gesamte Jugend, von seinem 13. bis zum 21. Lebensjahr, an der Karlsschule.
Er hat während dieser Zeit keinen Urlaub, sieht seine Geschwister nie und seine Eltern nur bei kurzen Besuchen an der Akademie, die von Aufsehern überwacht werden. Die militärische Ordnung des Internats tritt an die Stelle der Familie.

Der Karlsschüler

Ein Tagesablauf in der Karlsschule

Der Tag begann ganz wie in einer Kaserne. Um 5 Uhr im Sommer, um 6 Uhr im Winter wurde geweckt – schleuniges Aufstehen, eiliges Waschen, Ankleiden und Frisieren, […] Bettenbau – eine Stunde nach dem Wecken Rapport[1]. Morgengebet und Frühstück, das nach der Gewohnheit der Zeit aus einer gebrannten Mehlsuppe bestand. Ab 7 Uhr, im Winter 8 Uhr, war Unterricht bis 11 Uhr. Es folgte eine Art Putz- und Flickstunde, um die Uniform in untadeliger Ordnung zu halten, dann Rapport, den sehr oft der Herzog persönlich vornahm (mit Entgegennahme etwaiger Strafbilletts, die am Rock befestigt waren), darauf in militärischer Ordnung Einzug in den Speisesaal. Das anständige Mittagessen – jedem Zögling stand täglich ein halbes Pfund Fleisch zu – musste, eher klösterlicher Gewohnheit als Kasernenbrauch entsprechend, schweigend eingenommen werden; zu trinken gab es einen Schluck einfachen und wahrscheinlich sauren Landweins. Nach dem Essen ein Spaziergang, bei schlechtem Wetter Exerzieren unter Dach. Dann wieder Unterricht bis halb sieben, danach eine Erholungsstunde, dann das ziemlich reichhaltige Nachtessen, zu dem aber nur Wasser getrunken wurde. Bald darauf ging man zur Ruhe, um neun musste alles in den Betten sein.

1 **Rapport:** Bericht, dienstliche Meldung

Die Karlsschule und „Die Räuber"

Friedrich Schiller wird zum Dichter der Freiheit

Durch die Bedingungen an der Militärakademie wird die Entwicklung Schillers entscheidend geprägt. Der militärische Drill widerstrebt ihm und seine schulischen Leistungen gehen immer mehr zurück.

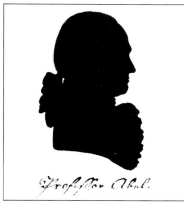

Erst mit dem Wechsel der Studienrichtung zur Medizin 1776/77 wird Schiller selbstbewusster und arbeitet mit größerem Eifer. Begeistert hört er die Vorlesungen von Professor Abel, der Philosophie unterrichtet. Abel fordert die Schüler zu selbstständigem Denken auf und versucht sie zu aufgeklärten „guten" Menschen zu erziehen. Er schildert ihnen das Wesen des Genies, das nur dem eigenen Gefühl gehorcht und sich allen äußeren Regeln widersetzt.

Der sechzehnjährige Schiller, der sich seit Jahren im Schreiben von Gedichten und kleinen Szenen versucht und an seine Berufung zum Dichter glaubt, sieht sich von Abel bestätigt. In seiner Begeisterung für die Dichtkunst gründet er mit befreundeten Karlsschülern einen poetischen Geheimbund.

Schiller schreibt in einer Zeitschrift

> *Ein seltsamer Missstand der Natur hat mich in meinem Geburtsort zum Dichter verurteilt. Neigung zur Poesie beleidigte die Gesetze des Instituts, worin ich erzogen ward, und widersprach dem Plan des Stifters. Acht Jahre rang mein Enthusiasmus mit der militärischen Regel, aber Leidenschaft für die Dichtung ist feurig und stark, wie die erste Liebe. Was sie ersticken sollte, facht sie an.*

Die Räuber

Eine Erzählung des Dichters Schubart regt Schiller zu seinem Drama „Die Räuber" an. Die ersten Szenen entstehen 1777. Schiller arbeitet, mit vielen Unterbrechungen, Jahre hindurch wie besessen, auch nachts, stets voller Angst, bei der verbotenen Beschäftigung entdeckt zu werden. An einem Maitag im Jahre 1778 gibt er zum ersten Mal Einblick in das entstehende Werk. Mit fünf Kameraden trennt er sich bei einem beaufsichtigten Waldspaziergang von der Gruppe. Schiller liest mit großer Begeisterung aus seinem Manuskript vor und von Szene zu Szene steigert sich die Begeisterung seiner Zuhörer. Sie haben das Gefühl, die Geburtsstunde eines bedeutenden Dramatikers mitzuerleben, und sie haben Recht.

Heimliche Vorlesung der „Räuber"

Aus den „Räubern"

MOOR. Nein, ich mag nicht daran denken. Ich soll meinen Leib pressen in eine Schnürbrust und meinen Willen schnüren in Gesetze. Das Gesetz hat zum Schneckengang verdorben, was Adlerflug geworden wäre. Das Gesetz hat noch keinen großen Mann gebildet, aber die Freiheit brütet Kolosse ... aus. [...] Stelle mich vor ein Heer Kerls wie ich, und aus Deutschland soll eine Republik werden, gegen die Rom und Sparta Nonnenklöster sein sollten.

Christian Gottfried Körner – ein wahrer Freund

Im Sommer 1783 unterzeichnet Schiller einen Jahresvertrag als Theaterdichter in Mannheim. Er verpflichtet sich, während dieses Jahres drei neue Stücke für die Mannheimer Bühne zu schreiben. Doch trotz des großen Publikumserfolges mit „Kabale und Liebe" wird Schillers Vertrag nicht verlängert. Dem Theaterdirektor Dalberg ist Schillers politische Kritik zu scharf.
Schiller, der drückende Schulden und keine Aussichten auf einen Verdienst hat, nimmt daraufhin die freundliche Einladung eines Unbekannten aus Leipzig an. Es ist der Jurist Christian Gottfried Körner, der den Dichter der „Räuber" verehrt und in Schiller einen Gleichgesinnten sieht. Schillers erstem Besuch lässt Körner bald ein großzügiges Angebot folgen. Er legt damit den Grundstein zu einer lebenslangen Freundschaft.

Ein Jahr ohne Geldsorgen
„Einen Brief habe ich mit, für dich."
„Einen Brief? Und woher?"
„Von Körnern."
„Das sagst du jetzt erst? Heraus damit, Halunke!"
Huber kramte gemächlich einen Brief aus seiner Rocktasche. Schiller riss das Siegel auf, faltete, während er zum Fenster ging, die Blätter auseinander und begann zu lesen.
„Mich willst du wohl nicht teilhaben lassen?"
„Wart nur, warte, gleich." Schiller bewegte beim Lesen die Lippen, den Brief in beiden Händen vor dem einfallenden Licht. „Hör nur, solch einen Freund findet man in tausend Jahren nicht wieder:
‚… Über die Geldangelegenheiten müssen wir uns einmal ganz verständigen. Du hast noch eine gewisse Bedenklichkeit, mir deine Bedürfnisse zu entdecken.'"
Schiller unterbrach, sagte, zu Huber gewandt: „Ich hab ihm nur Andeutungen gemacht, dass ich ganz auf dem Trockenen stehe und auf den Verlag einiger Schriften bei Göschen hoffe." Er las weiter:
„Warum sagtest du mir nicht ein Wort in Kahnsdorf davon? Warum schriebst du mir nicht gleich, wie viel du brauchst? Kommt es bloß darauf an, einige laufende Ausgaben zu bestreiten, so ist vielleicht das hinreichend, was ich beilege. Ich würde dir gleich mehr schicken, wenn ich nicht hier noch allerlei Handwerksleute zu bezahlen und erst in Leipzig wieder Geld zu empfangen hätte. Aber Rat kann ich allemal schaffen. Wenn ich noch so reich wäre und du ganz überzeugt sein könntest, welch ein geringes Objekt es für mich wäre, dich aller Nahrungssorgen auf dein ganzes Leben zu überheben: so würde ich es doch nicht wagen, dir eine solche Anerbietung zu machen.
Aber ein Jahr wenigstens lass mir die Freude, dich aus der Notwendigkeit des Brotverdienens zu setzen. Auch kannst du mir meinethalben nach ein paar Jahren alles wieder zurückgeben, wenn du im Überfluss bist. Also, schreibe mit der ersten Post und bestimme die Summe …'
Hast du das gehört, Huber? Ein ganzes Jahr will er aufkommen für mich, damit ich schreiben kann in aller Ruhe!" Schiller stützte die Arme auf das Fensterbrett und schaute über die Dächer in die Wiesen.
„Da habe ich noch was. Gehört zum Brief." Huber warf ein kleines Päckchen auf den Tisch, in dem es metallen scheppere.
„Ein ganzes Jahr ohne Geldsorgen! Ich schreibe gleich zurück und du nimmst den Brief mit in die Stadt." Huber wurde Mantel und Stock in die Hände gedrückt und er wurde zur Tür geschoben. „Geh derweil im Dorf spazieren. Ich muss allein sein beim Briefeschreiben. […]"

Aufgaben

1. Was bedeutet ein Jahr ohne Geldsorgen für den Dichter Schiller?
2. Was denkt Körner über Geld und Freundschaft?
3. Schreibe Schillers Dankesbrief an Körner.

Schiller als Zeichner

Zum 30. Geburtstag schenkt Schiller seinem Freund Körner ein selbst gestaltetes Buch. Neben witzigen Zeichnungen, die Stärken und Schwächen Körners darstellen, enthält es kurze erklärende Texte.

Das fatale Krebsgericht

Man sieht auf diesem Blatt Körnern, wie er mit großem Appetite Krebse isst. Aber eine warnende Stimme ruft ihm aus dem Fenster des Himmels zu: Iss nicht von diesen Krebsen, und die Hand des Schicksals bereitet die Rezepte und Arzneien, welche die traurigen Folgen dieser Magenexertion[1] sein werden.

1 **Magenexertion:** Magenübung

Die verkehrte Welt

Hier sieht man Körnern an der Bildung seines Vaters arbeiten. Er liest ihm, die Rute in der Hand, ein ästhetisch-moralisches Kollegium[1] über die Räuber vor. Ein vortrefflicher Zug des Künstlers ist, dass der Superintendent die Räuber verkehrt in der Hand hält, wahrscheinlich weil er dabei eingeschlafen ist, und dieser profane Schlaf rechtfertigt die Rute in der Hand des Sohnes vollkommen.

1 **Kollegium:** Vorlesung

Aufgaben

1. Sieh dir die Zeichnungen in Ruhe an.
   a) Lies anschließend die Erklärungstexte.
   b) Schlage die Fremdwörter, die du nicht verstehst, in einem Wörterbuch nach.

2. Schreibe zu einer Zeichnung eine Anekdote.
   Stelle dabei eine bestimmte Eigenschaft Körners in den Mittelpunkt.
   Hier findest du Vorschläge für eine Überschrift:
   Der Oberlehrer, Der Nimmersatt, Der Alleswisser, Der Gierige, Der Vorsichtige

An die Freude – Schiller 1989

Im Hause Christian Gottfried Körners – unter guten Freunden und ausnahmsweise ohne Geldsorgen – schreibt Schiller das Lied „An die Freude".
Ludwig van Beethoven hat dieses Lied im Schlusssatz seiner berühmten 9. Sinfonie vertont.

Ludwig van Beethoven

Handschrift Beethovens

An die Freude

Freude, schöner Götterfunken,
Tochter aus Elysium[1],
Wir betreten feuertrunken,
Himmlische, dein Heiligtum.
Deine Zauber binden wieder,
Was die Mode streng geteilt.
Alle Menschen werden Brüder,
Wo dein sanfter Flügel weilt.

    Seid umschlungen, Millionen!
    Diesen Kuss der ganzen Welt!
    Brüder – überm Sternenzelt
    Muss ein lieber Vater wohnen. […]

1 **Elysium:** Aufenthaltsort der Seligen

Am 9. November 1989 öffnet die DDR die Grenzen zur Bundesrepublik – die Mauer ist gefallen. Einen Monat später führt der Dirigent Leonard Bernstein Beethovens 9. Sinfonie in Ost- und in Westberlin auf. Dabei singt der Chor zum Schluss einen neuen Text: „Freiheit, schöner Götterfunken …"

Aufgaben

1. Lies dir die beiden Strophen aus dem Lied „An die Freude" durch.
2. Hört euch die „Ode an die Freude" gemeinsam an.
3. Warum hat Bernstein die 9. Sinfonie in Ost- und Westberlin aufgeführt?
4. Warum wurde das Wort „Freude" durch das Wort „Freiheit" ersetzt? Schreibe deine Meinung dazu auf.

Der Freundschaftsbund mit Goethe – die Xenien

Goethe-Schiller-Denkmal vor dem Nationaltheater in Weimar

Während der engen Freundschaft zwischen Schiller und Goethe sind gemeinsame Werke entstanden. Die vielleicht bekanntesten sind die so genannten Xenien (Gastgeschenke), zweizeilige Gedichte, in denen Schiller und Goethe scharfe Kritik an ihrer Zeit und ihren Zeitgenossen üben, aber auch allgemein gültige Gedanken formulieren.
Der Leser kann aus den Xenien vieles über das Weltbild der beiden Dichter erfahren.

Der berufene Leser
Welchen Leser ich wünsche? Den unbefangensten, der mich, sich und die Welt vergisst und in dem Buche nur lebt.

Freund und Feind
Teuer ist mir der Freund, doch auch den Feind kann ich nützen:
Zeigt mir der Freund, was ich kann, lehrt mich der Feind, was ich soll.

Wer will die Stelle?
Republiken habe ich gesehen, und das ist die beste,
die dem regierenden Teil Lasten, nicht Vorteil gewährt.

Die Sicherheit
Nur das feurige Ross, das mutige, stürzt auf der Rennbahn,
mit bedachtem Pass schreitet der Esel daher.

Der Zeitpunkt
Eine große Epoche hat das Jahrhundert geboren,
aber der große Moment findet ein kleines Geschlecht.

Goldenes Zeitalter
Ob die Menschen im Ganzen sich bessern? Ich glaub es, denn einzeln –
suche man, wie man auch will – sieht man doch gar nichts davon.

Aufgabe
Keiner sei gleich dem andern, doch gleich sei jeder dem Höchsten.
Wie das zu machen? Es sei ein jeder vollendet in sich.

Aufgabe

1. Wähle ein Gedicht aus, das dir besonders gut gefällt.
   Schreibe deine Gedanken dazu auf.
   Stelle das Gedicht der Klasse vor.

Hoffnungen und Ängste

Schiller war ein berühmter, aber armer Mann, dessen Einkünfte die eines Kutschers kaum überstiegen. Um sich und seine Familie ernähren zu können, musste er Tag und Nacht schreiben.
Der Schriftsteller Thomas Mann zeigt uns Schiller bei der nächtlichen Arbeit.

Schwere Stunde

Er stand vom Schreibtisch auf, von seiner kleinen, gebrechlichen Schreibkommode, stand auf wie ein Verzweifelter und ging mit hängendem Kopfe in den entgegengesetzten Winkel des Zimmers zum Ofen, der lang und schlank war wie eine Säule. Er legte die Hände an die Kacheln, aber sie waren fast ganz erkaltet, denn Mitternacht war lange vorbei, und so lehnte er, ohne die kleine Wohltat empfangen zu haben, die er suchte, den Rücken daran, zog hustend die Schöße seines Schlafrocks zusammen, aus dessen Brustaufschlägen das verwaschene Spitzenjabot[1] heraushing, und schnob mühsam durch die Nase, um sich ein wenig Luft zu verschaffen; denn er hatte den Schnupfen wie gewöhnlich.

Das war ein besonderer und unheimlicher Schnupfen, der ihn fast nie völlig verließ. Seine Augenlider waren entflammt und die Ränder seiner Nasenlöcher ganz wund davon, und in Kopf und Gliedern lag dieser Schnupfen ihm wie eine schwere, schmerzliche Trunkenheit. [...]

Er stand am Ofen und blickte mit einem raschen und schmerzlich angestrengten Blinzeln hinüber zu dem Werk, von dem er geflohen war, dieser Last, diesem Druck, dieser Gewissensqual, [...]

1 **Spitzenjabot:** Hemd mit Rüschen

1797 schreibt Schiller das Gedicht „Hoffnung". Es lässt sich auf die Menschen im Allgemeinen, aber auch auf Schiller ganz persönlich beziehen.

HOFFNUNG

Es reden und träumen die Menschen viel
Von bessern künftigen Tagen,
Nach einem glücklichen goldenen Ziel
Sieht man sie rennen und jagen;
Die Welt wird alt und wird wieder jung,
Doch der Mensch hofft immer Verbesserung.

Die Hoffnung führt ihn ins Leben ein,
Sie umflattert den fröhlichen Knaben,
Den Jüngling locket ihr Zauberschein,
Sie wird mit dem Greis nicht begraben;
Denn beschließt er im Grabe den müden Lauf,
Noch am Grabe pflanzt er – die Hoffnung auf.

Es ist kein leerer schmeichelnder Wahn,
Erzeugt im Gehirne des Toren,
Im Herzen kündigt es laut sich an:
Zu was Besserm sind wir geboren!
Und was die innere Stimme spricht,
Das täuscht die hoffende Seele nicht.

Aufgabe

1. Lies beide Texte. Notiere dabei Stichpunkte zum Thema „Hoffnungen und Ängste".

Fortsetzung auf Seite 29

Fortsetzung von Seite 28   **Hoffnungen und Ängste**

Aufgabe

2. Vervollständige mit Hilfe deiner Stichpunkte aus Aufgabe 1 (Seite 28) das Schaubild. Du kannst auch eigene Hoffnungen und Ängste ergänzen.

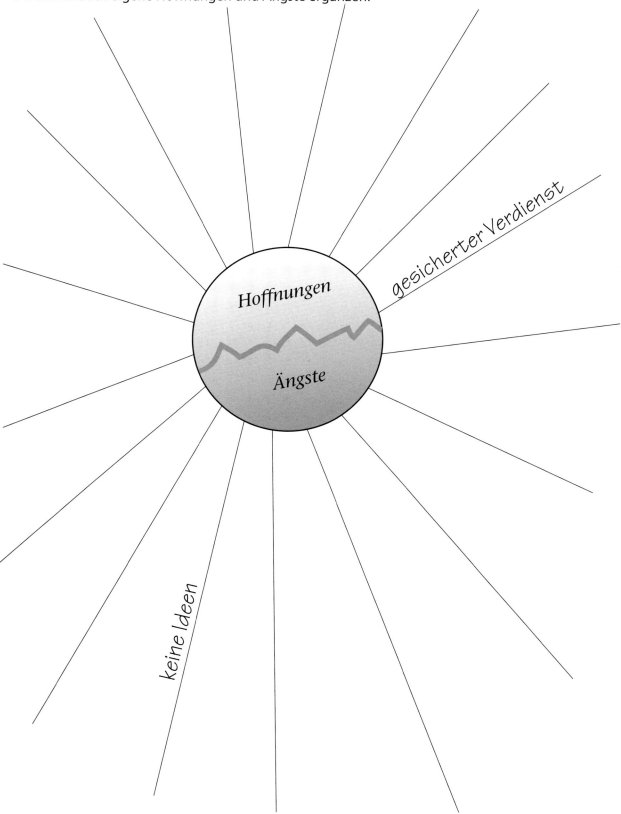

Schillers Leben auf einen Blick

Friedrich Schiller wird am (1) _____ in (2) _____ geboren und stirbt am (3) _____ in Weimar. Die Familie zieht 1766 nach Ludwigsburg. 1773 muss Schiller auf Befehl des Herzogs (4) _____ in die (5) _____ _____ eintreten. Dort nimmt er das Jurastudium auf. Ursprünglich will er Theologie studieren, das bleibt ihm jedoch verwehrt. Er beendet sein Jurastudium nicht, sondern wechselt zur (6) _____ über. Auf diesem Gebiet promoviert er. Noch während seines Studiums schreibt er eines seiner berühmtesten Dramen: (7) _____. Da seine persönliche und dichterische Freiheit durch den Herzog sehr eingeschränkt wird, flieht er. Mitte 1783 bekommt Friedrich Schiller endlich die gewünschte feste Anstellung für ein Jahr als Theaterdichter am Mannheimer Nationaltheater. Er verpflichtet sich, jährlich drei (8) _____ zu „liefern". Zwei Jahre später verlässt er die Stadt und kommt über Leipzig und Dresden schließlich nach (9) _____. 1788 wird er (10) _____ für Geschichte in Jena, wohin er schließlich zieht. 1790 heiratet er (11) _____ _____. Obwohl sie sich räumlich schon längere Zeit nah waren, freundet sich Schiller erst 1794 mit (12) _____ an. Sie arbeiten gemeinsam an den Xenien, einer Sammlung von (13) _____. 1799 übersiedelt Schiller endgültig nach Weimar, wo er drei Jahre später ins eigene Haus („Schillerhaus") zieht. Er wird immer wieder von Krankheitsanfällen geplagt, denen er schließlich im Alter von nur 45 Jahren erliegt. Als Zeichen besonderer Wertschätzung ruhen seine Gebeine seit 1827 in der ehemaligen herzoglichen Familiengruft, der heutigen Goethe-Schiller-Gruft.

1 a) 28.8.1749 b) 10.11.1759 c) 24.12.1759
2 a) Frankfurt b) Weimar c) Marbach/Neckar
3 a) 9.5.1805 b) 22.3.1832 c) 1.4.1819
4 a) Karl August b) Karl Eugen c) Friedrich Wilhelm
5 a) Benediktinerabtei b) Militärische Pflanzschule c) Königliche Akademie
6 a) Medizin b) Theologie c) Germanistik
7 a) Kabale und Liebe b) Faust c) Die Räuber
8 a) Bücher b) Dramen c) Zeitungsartikel
9 a) Frankfurt b) Weimar c) Marbach/Neckar
10 a) Professor b) Lehrer c) Assistent
11 a) Charlotte von Kalb b) Charlotte von Stein c) Charlotte von Lengefeld
12 a) Klopstock b) Goethe c) Hölderlin
13 a) Epigrammen b) Gedichten c) Balladen

Aufgabe

1. Wähle von den jeweils drei vorgegebenen Möglichkeiten die richtige aus. Schreibe sie in die Lücke.

Der Handschuh – eine spannende Story

Aufgaben

1. Lies den Text.
   Fertige in deinem Heft Notizen zu folgenden Punkten an:
   - Schauplatz der Handlung
   - handelnde Personen
   - Motive der handelnden Personen
   - Ablauf der Ereignisse

   ### Der Handschuh

   Vor seinem Löwengarten, das Kampfspiel zu erwarten, saß König Franz, und um ihn die Großen der Krone, und rings auf hohem Balkone die Damen in schönem Kranz. Und wie er winkt mit dem Finger, auf tut sich der weite Zwinger, und hinein mit bedächtigem Schritt ein Löwe tritt und sieht sich stumm rings um, mit langem Gähnen, und schüttelt die Mähnen und streckt die Glieder und legt sich nieder.
   5 Und der König winkt wieder, da öffnet sich behänd ein zweites Tor, daraus rennt mit wildem Sprunge ein Tiger hervor. Wie der den Löwen erschaut, brüllt er laut, schlägt mit dem Schweif einen furchtbaren Reif und recket die Zunge, und im Kreise scheu umgeht er den Leu[1] grimmig schnurrend, drauf streckt er sich murrend zur Seite nieder. Und der König winkt wieder, da speit das doppelt geöffnete Haus zwei Leoparden auf einmal aus, die stürzen mit mutiger Kampfbegier auf das Tigertier; das packt
   10 sie mit seinen grimmigen Tatzen, und der Leu mit Gebrüll richtet sich auf – da wird's still, und herum im Kreis, von Mordlust heiß, lagern die gräulichen Katzen. Da fällt von des Altans[2] Rand ein Handschuh von schöner Hand zwischen den Tiger und den Leun mitten hinein. Und zu Ritter Delorges spottenderweis wendet sich Fräulein Kunigund: „Herr Ritter, ist eure Lieb' so heiß, wie Ihr mir's schwört zu jeder Stund', ei, so hebt mir den Handschuh auf!" Und der Ritter in schnellem Lauf steigt hinab in den
   15 furchtbarn Zwinger mit festem Schritte, und aus der Ungeheuer Mitte nimmt er den Handschuh mit keckem Finger. Und mit Erstaunen und mit Grauen sehen's die Ritter und Edelfrauen, und gelassen bringt er den Handschuh zurück. Da schallt ihm sein Lob aus jedem Munde, aber mit zärtlichem Liebesblick – er verheißt ihm sein nahes Glück – empfängt ihn Fräulein Kunigunde. Und er wirft ihr den Handschuh ins Gesicht: „Den Dank, Dame, begehr ich nicht!" Und verlässt sie zur selben Stunde.

   1 **Leu:** Löwe 2 **Altan:** Balkon

2. Schiller ist eine spannende Geschichte gelungen. Sie spielt im Mittelalter an einem Königshof. Erzähle die Geschichte mit deinen eigenen Worten nach. Schreibe in der Vergangenheitsform:
   König Franz saß vor seinem Löwengarten, um sich zusammen mit den Fürsten und ihren Frauen ein Kampfspiel anzusehen. Auf sein Zeichen hin öffneten sich ...

3. „Der Handschuh" ist eigentlich eine Ballade. Versuche die Ballade wiederherzustellen. Achte dabei auf die Reime und auf die folgenden Strophenanfänge.

   1. Strophe (= 6 Zeilen)
   Vor seinem Löwengarten,
   [...]

   2. Strophe (= 10 Zeilen)
   Und wie er winkt mit dem Finger,
   [...]

   3. Strophe (= 16 Zeilen)
   Und der König winkt wieder,
   [...]

   4. Strophe (= 11 Zeilen)
   Und der König winkt wieder,
   [...]

   5. Strophe (= 4 Zeilen)
   Da fällt von des Altans Rand
   [...]

   6. Strophe (= 5 Zeilen)
   Und zu Ritter Delorges spottenderweis
   [...]

   7. Strophe (= 5 Zeilen)
   Und der Ritter in schnellem Lauf
   [...]

   8. Strophe (= 10 Zeilen)
   Und mit Erstaunen und mit Grauen
   [...]

Der Handschuh

Der Handschuh

Vor seinem Löwengarten,
Das Kampfspiel zu erwarten,
Saß König Franz,
Und um ihn die Großen der Krone,
5 Und rings auf hohem Balkone
Die Damen in schönem Kranz.

Und wie er winkt mit dem Finger,
Auf tut sich der weite Zwinger,
Und hinein mit bedächtigem Schritt
10 Ein Löwe tritt,
Und sieht sich stumm
Rings um,
Mit langem Gähnen,
Und schüttelt die Mähnen,
15 Und streckt die Glieder,
Und legt sich nieder.

Und der König winkt wieder,
Da öffnet sich behänd,
Ein zweites Tor,
20 Daraus rennt
Mit wildem Sprunge
Ein Tiger hervor,
Wie der den Löwen erschaut,
Brüllt er laut,
25 Schlägt mit dem Schweif
Einen furchtbaren Reif,
Und recket die Zunge,
Und im Kreise scheu
Umgeht er den Leu
30 Grimmig schnurrend;
Drauf streckt er sich murrend
Zur Seite nieder.

Und der König winkt wieder,
Da speit das doppelt geöffnete Haus
35 Zwei Leoparden auf einmal aus,
Die stürzen mit mutiger Kampfbegier
Auf das Tigertier,
Das packt sie mit seinen grimmigen Tatzen,
Und der Leu mit Gebrüll
40 Richtet sich auf, da wird's still,
Und herum im Kreis,
Von Mordsucht heiß,
Lagern die gräulichen Katzen.

Da fällt von des Altans Rand
45 Ein Handschuh von schöner Hand
Zwischen den Tiger und den Leun
Mitten hinein.

Der Handschuh. Titelkupfer zum ersten Teil der im Jahr 1800 erschienenen Gedichtausgabe von Schiller

Fortsetzung auf Seite 33

Fortsetzung von Seite 32

Der Handschuh

Und zu Ritter Delorges _____weis
Wendet sich Fräulein Kunigund:
50 »Herr Ritter, ist eure Lieb so heiß,
Wie Ihr mir's schwört zu jeder Stund.
Ei, so hebt mir den Handschuh auf.«

Und der Ritter in schnellem Lauf
Steigt hinab in den furchtbarn Zwinger
55 Mit festem Schritte,
Und aus der Ungeheuer Mitte
Nimmt er den Handschuh mit keckem Finger.

Und mit Erstaunen und mit Grauen
Sehen's die Ritter und Edelfrauen,
60 Und _____ bringt er den Handschuh zurück,
Da schallt ihm sein Lob aus jedem Munde,
Aber mit zärtlichem Liebesblick –
Er verheißt ihm sein nahes Glück –
Empfängt ihn Fräulein Kunigunde.
65 Und er wirft ihr den Handschuh ins Gesicht:
»Den Dank, Dame, begehr ich nicht«,
Und verlässt sie zur selben Stunde.

Finger 1: zärtlicher, spottender, bittender, dummer, frecher

Wähle das deiner Meinung nach passende Wort aus. Begründe.

Finger 2: übermütig, triumphierend, untertänig, gelassen, stolz

Füge das deiner Meinung nach passende Wort ein. Begründe.

Aufgaben

1. Die „Damen in schönem Kranz" (Zeile 6) haben einiges zu besprechen.
   Schreibt zu zweit Gespräche zu den Stellen, die mit einem Handschuh markiert sind.
   Überlegt euch vorher, welche Gedanken und Gefühle die Damen jeweils haben.

2. Wählt einen Vorleser aus, der an den markierten Stellen eine Pause macht.
   Tragt an diesen Stellen eure Gespräche vor.

3. Die einflussreiche Hofdame Frau von Stein hat Schillers Frau Lotte gegenüber den Vers „Und er wirft ihr den Handschuh ins Gesicht" kritisiert. Daraufhin hat Schiller den Vers umgeschrieben.
   Der neue Vers lautete: „Und der Ritter sich tief verbeugend spricht".
   Schiller hat diese Änderung später wieder zurückgenommen.
   Welche Zeile passt deiner Meinung nach besser? Begründe deine Meinung.

4. Auf den Marktplätzen wird die Geschichte als Bänkelsang vorgetragen:

   > Kommet zu hören die neueste Kunde
   > von Ritter Delorges und Kunigunde.
   > Der Ritter war in Liebe entbrannt
   > und bat wiederholt um ihre Hand.
   > […]

   Setze den Bänkelsang fort.

Der Handschuh – ein Schattenspiel

Beim Schattenspiel wird zwischen einer Lichtquelle, z.B. einer Schreibtischlampe oder einem Overheadprojektor, und einem senkrecht aufgespannten Tuch gespielt.

Aufgaben

1. Gestaltet die Ballade „Der Handschuh" als Schattenspiel.
   - Teilt die Ballade zuerst in einzelne Spielszenen auf.
   - Überlegt euch, welche Figuren, Gegenstände und Hintergründe ihr braucht.
   - Schneidet die Figuren, Gegenstände und Hintergründe aus dickem Papier oder Pappe aus.
   - Erstellt einen Spielplan nach diesem Muster:

Spielszenen	Inhalt in Stichworten	Welche Figuren werden gebraucht? (kurze Beschreibung)	Hintergrund (Beschreibung)	Text: Dialog oder Erzähler	Wie bewegen sich die Figuren?
1.					
2.					
...					

2. Übt das Stück ein.

Der Handschuh – eine sächsische Ballade

Den „Handschuh" Schillers gibt es auch in sächsischer Mundart.

Dr Handschuhk

Dr Geenich Franz, das war ä Freind
Von Bandern, Leem un Diechern,
Gleich frieh, noch eh' de Sonne scheint
Da saß'r vor sein Viechern.
5 Un wänn dann de Ministr gam,
Da brillte Franz gemeene:
»Was gimmert mich där ganse Gram?
Macht eiern Dräck alleene!«

Nu sollte mal ä Gamfschbiel sin,
10 Wo sich de Bestchen frässen.
Das war so was fier Franz sein Sinn
Un ooch fier de Mädrässen.
Von nah un färn gam angerannt
De Leide, um zu guggen.
15 Un jeder rief: »'s wärd indrässant,
Wänn sich die Biester schluggen!«

Schon sitzen alle uff ihrn Blatz
Un glotzen durch de Brille,
Da hubbt ä Leewe mit een Satz
20 In diese Dodenschtille.
Das war ä färchterliches Vieh
Mit schauderhaften Oochen.
Där leecht sich Franzen wiesawie
Un rollt sein Schwanz im Boochen.

25 Druff gommt ä Diecher angesaust
Mit mordbegiercher Fratze
Un hebt, dass allen heimlich graust,
Zum Angriff seine Datze.

Schon will dr Leewe, wild gemacht,
30 Sich rewangschiern beim Diecher,
Da schdärzen ausn Zwingerschacht
Zwee Leobardenviecher.

Nu schtehn se alle viere da
Un fauchen wie besässen.
35 Äs Bubligum, das dängt: »Aha,
Jetz wärnse sich gleich frässen.«
Uff eenmal fliecht ä Handschuhk nein
In de Vierbiesterrunde,
Un zu ä Ridder heert mr schrein
40 De scheene Gunigunde:

»Mei holder Freind, nu zeiche mal,
Ob Mud de hast im Leibe!
Geh nunder jetz ins Gamflogal!
Dann grichste mich zum Weibe.«
45 De Leide wärn vor Schräck gans blass
Un flistern schlotternd leise:
»Was die sich rausnimmt, häärnse, das
Is geene Art un Weise.«

Un wärklich laatscht dr Ridder giehn
50 Jetz nein bei die vier Gatzen.
Die dun zwar midn Oochen gliehn,
Doch feixen ihre Fratzen.
Dänn wenn se ooch gefährlich sin,
Där dud'n imbonieren.
55 Dn Handschuhk reicht'n freindlich hin
Jetz eener von dän viern.

Dr Ridder sagt: »Ich danke scheen!«
Dann faggt'rn bei de Dame

Un dud'r schtolz dn Ricken drehn:
60 »Adjeh, du Gans, infame!«
Das gommt drvon, wänn änne Maid
Ihrn Liebsten so dud gränken.
Gee andrer hat das Weib gefreit.
(Mr gann's ooch geen verdänken.)

Lene Voigt

Aufgaben

1. Versuche die Ballade in sächsischer Mundart vorzutragen.
2. Vergleiche die Ballade mit dem Original Schillers.
   Kannst du Unterschiede benennen?
3. Schreibe einige Verse aus Schillers Ballade in Jugendsprache um und trage sie vor.
4. Versuche die Ballade so umzuschreiben, dass sie in der jetzigen Zeit spielt.
   Überlege zuvor:
   • An welchem Schauplatz könnte heute eine ähnliche „Mutprobe" stattfinden?
   • Wie würden sich heutige Jugendliche verhalten?
   • Welche Pointe könnte am Schluss deiner Ballade stehen?

Die Bürgschaft – eine dramatische Szene

Schillers Ballade „Die Bürgschaft" eignet sich besonders gut für eine szenische Umsetzung …

Aufgabe

1. Um die dramatische Wirkung der Ballade zu erhöhen, sollen noch mehr Personen zu Wort kommen. Lest die Ballade durch. Bearbeitet dann die Aufgaben rechts.

Die Bürgschaft

Zu Dionys, dem Tyrannen, schlich ①
Damon, den Dolch im Gewande;
Ihn schlugen die Häscher in Bande.
„Was wolltest du mit dem Dolche, sprich!",
5 Entgegnet ihm finster der Wüterich.
„Die Stadt vom Tyrannen befreien!"
„Das sollst du am Kreuze bereuen." ②

„Ich bin", spricht jener, „zu sterben bereit
Und bitte nicht um mein Leben,
10 Doch willst du Gnade mir geben,
Ich flehe dich um drei Tage Zeit,
Bis ich die Schwester dem Gatten gefreit,
Ich lasse den Freund dir als Bürgen,
Ihn magst du, entrinn ich, erwürgen."

15 Da lächelt der König mit arger List
Und spricht nach kurzem Bedenken:
„Drei Tage will ich dir schenken.
Doch wisse! Wenn sie verstrichen, die Frist,
Eh du zurück mir gegeben bist,
20 So muss er statt deiner erblassen,
Doch dir ist die Strafe erlassen." ③

Und er kommt zum Freunde: „Der König gebeut,
Dass ich am Kreuz mit dem Leben
Bezahle das frevelnde Streben;
25 Doch will er mir gönnen drei Tage Zeit,
Bis ich die Schwester dem Gatten gefreit,
So bleib du dem König zum Pfande,
Bis ich komme, zu lösen die Bande."

Und schweigend umarmt ihn der treue Freund
30 Und liefert sich aus dem Tyrannen, ④
Der andere ziehet von dannen.
Und ehe das dritte Morgenrot scheint,
Hat er schnell mit dem Gatten die Schwester vereint,
Eilt heim mit sorgender Seele,
35 Damit er die Frist nicht verfehle. ⑤

① Verfasse ein Gespräch auf dem Marktplatz. Man unterhält sich über die Untaten des Dionys.

② Die Nachricht vom Scheitern des Attentats verbreitet sich wie ein Lauffeuer. Verfasse dazu Gespräche.

③ Das Volk hört von der Entscheidung des Dionys. Wie reagiert es? Schreibe ein Gespräch.

④ Das Volk begleitet den treuen Freund zum Tyrannen. Auf dem Weg dorthin hört man einige der Gespräche. Schreibe sie auf.

⑤ Die Hochzeitsgesellschaft begleitet ihn ein Stück und wünscht ihm alles Gute für den Weg. Die Schwester umarmt den Bruder ein letztes Mal unter Tränen und spricht: […] Schreibe ihre Worte auf.

Fortsetzung auf Seite 37

Fortsetzung von Seite 36 **Die Bürgschaft – eine dramatische Szene**

Da gießt unendlicher Regen herab,
Von den Bergen stürzen die Quellen,
Und die Bäche, die Ströme schwellen.
Und er kommt ans Ufer mit wanderndem Stab,
40 Da reißet die Brücke der Strudel hinab,
Und donnernd sprengen die Wogen
Des Gewölbes krachenden Bogen.

Und trostlos irrt er an Ufers Rand,
Wie weit er auch spähet und blicket
45 Und die Stimme, die rufende, schicket,
Da stößet kein Nachen¹ vom sichern Strand,
Der ihn setze an das gewünschte Land,
Kein Schiffer lenket die Fähre
Und der wilde Strom wird zum Meere. ⑥

50 Da sinkt er ans Ufer und weint und fleht,
Die Hände zum Zeus erhoben:
„O hemme des Stromes Toben!
Es eilen die Stunden, im Mittag steht
Die Sonne, und wenn sie niedergeht
55 Und ich kann die Stadt nicht erreichen,
So muss der Freund mir erbleichen."

Doch wachsend erneut sich des Stromes Wut
Und Welle auf Welle zerrinnet
Und Stunde an Stunde entrinnet,
60 Da treibt ihn die Angst, da fasst er sich Mut ⑦
Und wirft sich hinein in die brausende Flut,
Und teilt mit gewaltigen Armen
Den Strom, und ein Gott hat Erbarmen.

Und gewinnt das Ufer und eilet fort
65 Und danket dem rettenden Gotte; ⑧
Da stürzet die raubende Rotte
Hervor aus des Waldes nächtlichem Ort,
Den Pfad ihm sperrend, und schnaubet Mord
Und hemmet des Wanderers Eile
70 Mit drohend geschwungener Keule.

„Was wollt ihr?", ruft er, für Schrecken bleich,
„Ich habe nichts als mein Leben,
Das muss ich dem Könige geben!"
Und entreißt die Keule dem Nächsten gleich:
75 „Um des Freundes willen erbarmet euch!"
Und drei, mit gewaltigen Streichen,
Erlegt er, die andern entweichen.

⑥ Damon hadert mit seinem Schicksal und denkt an seinen Freund. Schreibe Damons Selbstgespräch auf.

⑦ Schreibe auf, wie Damon sich selbst Mut zuspricht.

⑧ Schreibe auf, was Damon sagt.

1 **Nachen:** kleines Boot

Die Bürgschaft – eine dramatische Szene

Fortsetzung von Seite 37

Und die Sonne versendet glühenden Brand,
Und von der unendlichen Mühe
80 Ermattet sinken die Knie:
„O hast du mich gnädig aus Räubershand,
Aus dem Strom mich gerettet ans heilige Land,
Und soll hier verschmachtend verderben,
Und der Freund mir, der liebende, sterben!"

85 Und horch! da sprudelt es silberhell,
Ganz nahe, wie rieselndes Rauschen,
Und stille hält er, zu lauschen,
Und sieh, aus dem Felsen, geschwätzig, schnell,
Springt murmelnd hervor ein lebendiger Quell,
90 Und freudig bückt er sich nieder
Und erfrischet die brennenden Glieder.

Und die Sonne blickt durch der Zweige Grün ⑨
Und malt auf den glänzenden Matten
Der Bäume gigantische Schatten;
95 Und zwei Wanderer sieht er die Straße ziehn,
Will eilenden Laufes vorüberfliehn,
Da hört er die Worte sie sagen:
„Jetzt wird er ans Kreuz geschlagen."

Und die Angst beflügelt den eilenden Fuß,
100 Ihn jagen der Sorge Qualen,
Da schimmern in Abendrots Strahlen
Von ferne die Zinnen von Syrakus,
Und entgegen kommt ihm Philostratus,
Des Hauses redlicher Hüter,
105 Der erkennt entsetzt den Gebieter:

„Zurück! du rettest den Freund nicht mehr,
So rette das eigene Leben!
Den Tod erleidet er eben.
Von Stunde zu Stunde gewartet' er
110 Mit hoffender Seele der Wiederkehr,
Ihm konnte den mutigen Glauben
Der Hohn des Tyrannen nicht rauben." ⑩

„Und ist es zu spät und kann ich ihm nicht
Ein Retter willkommen erscheinen,
115 So soll mich der Tod ihm vereinen.
Des rühme der blut'ge Tyrann sich nicht,
Dass der Freund dem Freunde gebrochen die Pflicht,
Er schlachte der Opfer zweie
Und glaube an Liebe und Treue."

⑨ Notiere die Gedanken, die Damon wie ein Kreisel im Kopf herumgehen.

⑩ Blendet an zwei beliebigen Stellen der Ballade einen Dialog zwischen Damons Freund und dem Tyrannen ein.

Fortsetzung auf Seite 39

Fortsetzung von Seite 38   **Die Bürgschaft – eine dramatische Szene**

120 Und die Sonne geht unter, da steht er am Tor
Und sieht das Kreuz schon erhöhet,
Das die Menge gaffend umstehet; ⑪
An dem Seile schon zieht man den Freund empor,
Da zertrennt er gewaltig den dichten Chor:
125 „Mich, Henker!", ruft er, „erwürget!
Da bin ich, für den er gebürget!"

Und Erstaunen ergreifet das Volk umher,
In den Armen liegen sich beide
Und weinen für Schmerzen und Freude.
130 Da sieht man kein Auge tränenleer
Und zum Könige bringt man die Wundermär; ⑫
Der fühlt ein menschliches Rühren,
Lässt schnell vor den Thron sie führen.

Und blicket sie lange verwundert an;
135 Drauf spricht er: ⑬

⑪ Verfasse Gespräche, die auf dem Markt ablaufen.

⑫ Schreibe auf, mit welchen Worten der Bote die Nachricht überbringt.
Man hört auch einzelne Wortfetzen aus der Menge. Schreibe sie auf.

⑬ Was sagt er? Schreibe den Schluss der Ballade in die Schreibzeilen.

_____
_____
_____
_____
_____
_____
_____

Aufgaben

2. Lest das Ende der Ballade im Lösungsteil.
   Entscheidet, mit welchem Ende – mit eurem oder Schillers – ihr weiterarbeiten wollt.

3. Lest die Ballade und eure Ergänzungen mit verteilten Rollen.

4. a) Bevor ihr die Ballade als Szene spielen könnt, müsst ihr sie in fünf Akte unterteilen:
   I. Vers 1–30: Das Attentat und die Bürgschaft
   II. […]
   III. […]
   IV. […]
   V. […] Rückkunft
   Findet passende Überschriften für die Akte II bis V.
   b) Bildet – entsprechend den Akten – Arbeitsgruppen.
   Bereitet die Akte zur Aufführung in dramatischen Szenen vor.
   c) Spielt die Ballade.

Die Bürgschaft – ein Comic

Aufgabe

1. Gestaltet die „Bürgschaft" als Comic. Hier ein Beispiel:

TIPP
Denkt an:
- Sprech- und Denkblasen
- Geräuschwörter
- Ausrufe

Die Bürgschaft – ein Hörspiel

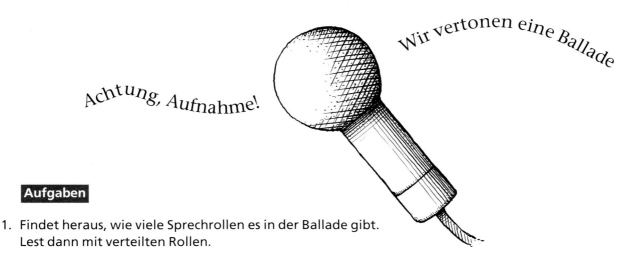

Aufgaben

1. Findet heraus, wie viele Sprechrollen es in der Ballade gibt. Lest dann mit verteilten Rollen.

2. Um eurem Vortrag mehr Ausdruck zu verleihen, könnt ihr lauter oder leiser, schneller oder langsamer, höher oder tiefer sprechen. Ihr solltet auch einzelne Wörter besonders betonen und gezielt Pausen machen.
   a) Bearbeite die Ballade, indem du „Lesezeichen" in den Text schreibst:

/ kurze Pause	// lange Pause
< lauter werden	> leiser werden
→ schneller sprechen	← langsamer sprechen
~ fragend, Stimme heben	

   b) Übe, deine Rolle vorzutragen.

3. Markiere nun die Textstellen, zu denen ein Geräusch passen könnte.

4. Überlege, wie du das Geräusch akustisch darstellen kannst. Fertige dazu eine Tabelle nach diesem Muster an:

Zeile	Text	Was hört man?	Wie kann man es darstellen?
2	Dolch im Gewande	leises Klirren, kurz	2 Tafelmesser kurz aneinander schlagen
3	Ihn schlugen die Häscher	Überfall – Geraschel – Stöhnen	steifen Stoff knautschen, stöhnen, evtl. Kettengerassel

5. Nehmt nun die Ballade mit den entsprechenden Hintergrundgeräuschen auf.

TIPP
Spielt die Ballade zu einem bestimmten Anlass, z. B. bei einem Elternabend, vor.

Der Ring des Polykrates – ein historischer Bericht

Herodot, ein griechischer Geschichtsschreiber aus dem 5. Jahrhundert v. Chr., berichtet vom unermesslichen Glück und vom traurigen Ende des Polykrates.

Polykrates hatte sich durch einen Staatsstreich zum Herrn von Samos gemacht. Er hatte die Insel in drei Teile geteilt und zwei davon seinen Brüdern überlassen, nachher aber den einen ermordet und den andern vertrieben. Seitdem herrschte er allein über Samos. Er schloss Freundschaft mit Amasis, dem König von Ägypten. Polykrates' Macht wurde immer größer, alle seine Feldzüge gingen glücklich aus. Er unterwarf eine Insel nach der anderen und viele Städte auf dem Festland.

Amasis hatte von dem Glück des Polykrates gehört, aber es machte ihn besorgt. Er schickte ihm einen Brief: „Es freut mich zu hören, lieber Freund, dass es dir wohl geht, aber ein übermäßiges Glück ist mir bedenklich, denn mir graut vor dem Neid der Götter. Darum wünsche ich, dass mir und meinen Freunden hin und wieder auch einmal etwas fehlschlägt, und würde es lieber sehen, dass mir in meinem Leben einmal ein Unglück zustieße, als dass mir immer alles nach Wunsch ginge. Denn ich habe noch von niemandem gehört, dem nicht, nachdem ihm alles geglückt, schießlich doch ein schlechtes Ende beschieden gewesen wäre. Folge also meinem Rat und wehre dich gegen das Glück! Überlege dir, was dir von allem, was du hast, das Liebste ist und dessen Verlust dir am schmerzlichsten sein würde, und wirf es weg, sodass es nie wieder zum Vorschein kommt." Als Polykrates den Brief gelesen hatte, überlegte er, was ihm unter allen seinen Kleinodien das liebste wäre. Er fand, dass es ein in Gold gefasster Smaragd war, den er als Siegelring am Finger trug, und er entschloss sich, ihn wegzuwerfen. Er ließ einen Fünfzigruderer bemannen, ging selbst an Bord, und als er weit von der Insel war, warf er den Ring vor den Augen der Mannschaft ins Meer. Als er wieder nach Hause kam, war er sehr traurig.

Fünf oder sechs Tage nachher wollte ein Fischer, der einen großen Fisch gefangen hatte, Polykrates ein Geschenk machen. Er wurde vorgelassen, gab Polykrates den Fisch und sagte: „Herr, als ich den gefangen, dachte ich, er eigne sich für den Tisch des Königs, und darum bringe ich ihn dir zum Geschenk." Polykrates erwiderte: „Ich danke dir für das Geschenk. Dafür laden wir dich heute zum Essen ein." Dem Fischer war das sehr schmeichelhaft und er ging nach Hause. Die Diener aber fanden, als sie den Fisch aufschnitten, in dessen Bauch den Siegelring des Polykrates.

Sie gingen voller Freude zu Polykrates, gaben ihm den Ring und sagten, wie sie ihn gefunden. Er aber merkte gleich, dass die Götter das so gefügt, und er schrieb alles, was er getan und erlebt hatte, in einem Brief nach Ägypten. Als Amasis den Brief gelesen hatte, sah er ein, dass es keinem Menschen möglich ist, seinen Mitmenschen davor zu bewahren, was ihm vom Schicksal beschieden, und dass Polykrates kein gutes Ende nehmen werde, da er sogar den weggeworfenen Ring wieder gefunden hatte. Er schickte einen Boten nach Samos und ließ ihm sagen, er könne nicht länger sein Freund sein. Das aber tat er, damit ihm, falls Polykrates ein Unglück treffen würde, das Unglück eines Freundes nicht zu sehr zu Herzen ginge.

Ein persischer Statthalter, Otroites, wollte Polykrates umbringen, und zwar, wie die meisten sagten, aus folgendem Grund: Ein anderer persischer Statthalter geriet einmal in Streit mit ihm darüber, wer von ihnen beiden der Tapferste sei. Er sagte zu Otroites: „Du hast nicht einmal die deiner Provinz gegenüberliegende Insel Samos unter die Herrschaft deines Königs Kyros gebracht, die du leicht hättest unterwerfen können; hat sich doch dort ein Einheimischer bei einem Putsch der Insel bemächtigt und ist jetzt noch König." Otroites wollte sich an Polykrates, mit dem man ihn verhöhnt hatte, rächen. Er bot ihm heuchlerisch eine große Summe Geldes für weitere Unternehmungen an. Polykrates begab sich trotz vieler Warnungen zu ihm und nahm dort ein elendes Ende. Otroites ließ ihn umbringen und ans Kreuz schlagen.

Aufgaben

1. Bist du auch der Meinung, dass man nicht immer nur Glück haben kann?

2. Wie begründet Amasis seine Befürchtungen?
   Schreibe die wichtigsten Gründe auf.

3. Schreibe einen Antwortbrief an Amasis. Nimm darin Stellung zu seinen Ratschlägen (Zeile 13–27).

Der Ring des Polykrates – ein gedankliches Spiel

Er stand auf seines Daches Zinnen,
Er schaute mit vergnügten Sinnen
Auf das beherrschte Samos hin.
„Dies alles ist mir untertänig",
5 Begann er zu Ägyptens König,
„Gestehe, dass ich glücklich bin."

„Du hast der Götter Gunst erfahren!
Die vormals deinesgleichen waren,
Sie zwingt jetzt deines Zepters Macht.
10 Doch einer lebt noch, sie zu rächen,
Dich kann mein Mund nicht glücklich sprechen,
Solang des Feindes Auge wacht."

> Was? Wie?
> Habe ich mich etwa verhört?
> Warum sollte ich nicht glücklich sein?
> Ich verstehe den König nicht.

Und eh der König noch geendet,
Da stellt sich, von Milet gesendet,
15 Ein Bote dem Tyrannen dar:
„Lass, Herr! des Opfers Düfte steigen,
Und mit des Lorbeers muntern Zweigen
Bekränze dir dein festlich Haar.

Getroffen sank dein Feind vom Speere,
20 Mich sendet mit der frohen Märe
Dein treuer Feldherr Polydor –"
Und nimmt aus einem schwarzen Becken,
Noch blutig, zu der beiden Schrecken,
Ein wohl bekanntes Haupt hervor.

25 Der König tritt zurück mit Grauen:
„Doch warn ich dich, dem Glück zu trauen",
Versetzt er mit besorgtem Blick.
„Bedenk, auf ungetreuen Wellen,
Wie leicht kann sie der Sturm zerschellen,
30 Schwimmt deiner Flotte zweifelnd Glück."

Und eh er noch das Wort gesprochen,
Hat ihn der Jubel unterbrochen,
Der von der Reede¹ jauchzend schallt.
Mit fremden Schätzen reich beladen,
35 Kehrt zu den heimischen Gestaden²
Der Schiffe mastenreicher Wald.

Der königliche Gast erstaunet:
„Dein Glück ist heute gut gelaunet,
Doch fürchte seinen Unbestand.
40 Der Kreter waffenkundge Scharen
Bedräuen dich mit Kriegsgefahren,
Schon nahe sind sie diesem Strand."

Und eh ihm noch das Wort entfallen,
Da sieht mans von den Schiffen wallen,
45 Und tausend Stimmen rufen: „Sieg!
Von Feindesnot sind wir befreiet,
Die Kreter hat der Sturm zerstreuet,
Vorbei, geendet ist der Krieg."

1 **Reede:** Ankerplatz vor dem Hafen
2 **Gestade:** Küste, Ufer

Fortsetzung auf Seite 44

Fortsetzung von Seite 43 **Der Ring des Polykrates – ein gedankliches Spiel**

Das hört der Gastfreund mit Entsetzen:
50 „Fürwahr, ich muss dich glücklich schätzen,
Doch", spricht er, „zittr ich für dein Heil.
Mir grauet vor der Götter Neide,
Des Lebens ungemischte Freude
Ward keinem Irdischen zuteil.

55 Auch mir ist alles wohl geraten,
Bei allen meinen Herrschertaten
Begleitet mich des Himmels Huld,
Doch hatt ich einen teuren Erben,
Den nahm mir Gott, ich sah ihn sterben,
60 Dem Glück bezahlt' ich meine Schuld.

Drum, willst du dich vor Leid bewahren,
So flehe zu den Unsichtbaren,
Dass sie zum Glück den Schmerz verleihn.
Noch keinen sah ich fröhlich enden,
65 Auf den mit immer vollen Händen
Die Götter ihre Gaben streun.

Und wenns die Götter nicht gewähren,
So acht auf eines Freundes Lehren
Und rufe selbst das Unglück her,
70 Und was von allen deinen Schätzen
Dein Herz am höchsten mag ergätzen,
Das nimm und wirfs in dieses Meer."

Und jener spricht, von Furcht beweget:
„Von allem, was die Insel heget,
75 Ist dieser Ring mein höchstes Gut.
Ihn will ich den Erinnen³ weihen,
Ob sie mein Glück mir dann verzeihen."
Und wirft das Kleinod in die Flut.

Und bei des nächsten Morgens Lichte,
80 Da tritt mit fröhlichem Gesichte
Ein Fischer vor den Fürsten hin:
„Herr, diesen Fisch hab ich gefangen,
Wie keiner noch ins Netz gegangen,
Dir zum Geschenke bring ich ihn."

85 Und als der Koch den Fisch zerteilet,
Kommt er bestürzt herbeigeeilet
Und ruft mit hocherstauntem Blick:
„Sieh, Herr, den Ring, den du getragen,
Ihn fand ich in des Fisches Magen,
90 O, ohne Grenzen ist dein Glück!"

Hier wendet sich der Gast mit Grausen:
„So kann ich hier nicht ferner hausen,
Mein Freund kannst du nicht weiter sein.
Die Götter wollen dein Verderben,
95 Fort eil ich, nicht mit dir zu sterben."
Und sprachs und schiffte schnell sich ein.

3 **Erinnen:** Rachegöttinnen

Fortsetzung von Seite 44   **Der Ring des Polykrates – ein gedankliches Spiel**

Aufgaben

1. Die Mahnungen und Ratschläge bleiben nicht ohne Wirkung auf den Tyrannen.
   Was geht in Polykrates vor?
   Lies die Ballade genau durch und fülle die Gedankenblasen aus.

2. Ergänze die beiden kurzen Zeitungsmeldungen.

Staatsbesuch auf Samos

Zurzeit besucht der ägyptische König Amasis die Insel Samos, wo er sich mit dem Tyrannen Polykrates trifft ...

Ägyptischer König verlässt überstürzt das Land

Vorzeitig und völlig unerwartet hat der ägyptische König seinen Staatsbesuch abgebrochen. Nun ...

3. Untersuche nun das Verhalten des ägyptischen Königs. Markiere im Text, mit welchen Gefühlen er jeweils auf die neuesten Nachrichten reagiert. Kannst du eine Entwicklung feststellen?

4. In der letzten Strophe gibt der ägyptische König keine Ratschläge mehr, sondern verlässt Samos so schnell er kann. Auf dem Schiff erklärt er seinen überraschten Begleitern, warum er für Polykrates nichts mehr tun kann.

Die Kraniche des Ibykus – ein Krimi

Zum Kampf der Wagen und Gesänge,
Der auf Korinthus' Landesenge
Der Griechen Stämme froh vereint,
Zog Ibykus, der Götterfreund.
5 Ihm schenkte des Gesanges Gabe,
Der Lieder süßen Mund Apoll;
So wandert' er, an leichtem Stabe,
Aus Rhegium, des Gottes voll.

Schon winkt auf hohem Bergesrücken
10 Akrokorinth[1] des Wandrers Blicken,
Und in Poseidons Fichtenhain
Tritt er mit frommem Schauder ein.
Nichts regt sich um ihn her, nur Schwärme
Von Kranichen begleiten ihn,
15 Die fernhin nach des Südens Wärme
In graulichtem Geschwader ziehn.

„Seid mir gegrüßt, befreundte Scharen!
Die mir zur See Begleiter waren,
Zum guten Zeichen nehm ich euch,
20 Mein Los, es ist dem euren gleich.
Von fern her kommen wir gezogen
Und flehen um ein wirtlich Dach.
Sei uns der Gastliche[2] gewogen,
Der von dem Fremdling wehrt die Schmach!"

25 Und munter fördert er die Schritte
Und sieht sich in des Waldes Mitte –
Da sperren, auf gedrangem Steg,
Zwei Mörder plötzlich seinen Weg.
Zum Kampfe muss er sich bereiten,
30 Doch bald ermattet sinkt die Hand,
Sie hat der Leier zarte Saiten,
Doch nie des Bogens Kraft gespannt.

Er ruft die Menschen an, die Götter,
Sein Flehen dringt zu keinem Retter,
35 Wie weit er auch die Stimme schickt,
Nichts Lebendes wird hier erblickt.
„So muss ich hier verlassen sterben,
Auf fremdem Boden, unbeweint,
Durch böser Buben Hand verderben,
40 Wo auch kein Rächer mir erscheint!"

Und schwer getroffen sinkt er nieder,
Da rauscht der Kraniche Gefieder,
Er hört, schon kann er nicht mehr sehn,
Die nahen Stimmen furchtbar krähn.
45 „Von euch, ihr Kraniche dort oben!
Wenn keine andre Stimme spricht,
Sei meines Mordes Klag erhoben!"
Er ruft es und sein Auge bricht.

Der nackte Leichnam wird gefunden,
50 Und bald, obgleich entstellt von Wunden,
Erkennt der Gastfreund in Korinth
Die Züge, die ihm teuer sind.
„Und muss ich so dich wiederfinden,
Und hoffte mit der Fichte Kranz
55 Des Sängers Schläfe zu umwinden,
Bestrahlt von seines Ruhmes Glanz!"

Und jammernd hörens alle Gäste,
Versammelt bei Poseidons Feste,
Ganz Griechenland ergreift der Schmerz,
60 Verloren hat ihn jedes Herz.
Und stürmend drängt sich zum Prytanen[3]
Das Volk, es fodert[4] seine Wut,
Zu rächen des Erschlagnen Manen[5],
Zu sühnen mit des Mörders Blut.

65 Doch wo die Spur, die aus der Menge,
Der Völker flutendem Gedränge,
Gelocket von der Spiele Pracht,
Den schwarzen Täter kenntlich macht?
Sinds Räuber, die ihn feig erschlagen?
70 Tats neidisch ein verborgner Feind?
Nur Helios[6] vermags zu sagen,
Der alles Irdische bescheint.

Er geht vielleicht mit frechem Schritte
Jetzt eben durch der Griechen Mitte,
75 Und während ihn die Rache sucht,
Genießt er seines Frevels Frucht.
Auf ihres eignen Tempels Schwelle
Trotzt er vielleicht den Göttern, mengt
Sich dreist in jene Menschenwelle,
80 Die dort sich zum Theater drängt.

Denn Bank an Bank gedränget sitzen,
Es brechen fast der Bühne Stützen,
Herbeigeströmt von fern und nah,
Der Griechen Völker wartend da,
85 Dumpf brausend wie des Meeres Wogen;
Von Menschen wimmelnd wächst der Bau
In weiter stets geschweiftem Bogen
Hinauf bis in des Himmels Blau.

Wer zählt die Völker, nennt die Namen,
90 Die gastlich hier zusammenkamen?
Von Theseus' Stadt, von Aulis' Strand,
Von Phokis, vom Spartanerland,
Von Asiens entlegner Küste,
Von allen Inseln kamen sie
95 Und horchen von dem Schaugerüste
Des *Chores* grauser Melodie,

---

1 **Akrokorinth:** Burganlage bei Korinth
2 **Der Gastliche:** gemeint ist Zeus
3 **Prytan:** politisches Amt
4 **fodert:** gemeint ist „fordert"
5 **Mane:** gemeint ist die Seele des Ermordeten
6 **Helios:** der Sonnengott

Die Kraniche des Ibykus – ein Krimi

Der streng und ernst, nach alter Sitte,
Mit langsam abgemessnem Schritte,
Hervortritt aus dem Hintergrund,
100 Umwandelnd des Theaters Rund.
So schreiten keine irdschen Weiber,
Die zeugete kein sterblich Haus!
Es steigt das Riesenmaß der Leiber
Hoch über menschliches hinaus.

105 Ein schwarzer Mantel schlägt die Lenden,
Sie schwingen in entfleischten Händen
Der Fackel düsterrote Glut,
In ihren Wangen fließt kein Blut.
Und wo die Haare lieblich flattern,
110 Um Menschenstirnen freundlich wehn,
Da sieht man Schlangen hier und Nattern
Die giftgeschwollnen Bäuche blähn.

Und schauerlich gedreht im Kreise
Beginnen sie des Hymnus Weise,
115 Der durch das Herz zerreißend dringt,
Die Bande um den Sünder schlingt.
Besinnung raubend, herzbetörend
Schallt der Erinnyen[7] Gesang,
Er schallt, des Hörers Mark verzehrend,
120 Und duldet nicht der Leier Klang:

„Wohl dem, der frei von Schuld und Fehle
Bewahrt die kindlich reine Seele!
Ihm dürfen wir nicht rächend nahn,
Er wandelt frei des Lebens Bahn.
125 Doch wehe, wehe, wer verstohlen
Des Mordes schwere Tat vollbracht,
Wir heften uns an seine Sohlen,
Das furchtbare Geschlecht der Nacht!

Und glaubt er fliehend zu entspringen,
130 Geflügelt sind wir da, die Schlingen
Ihm werfend um den flüchtgen Fuß,
Dass er zu Boden fallen muss.
So jagen wir ihn, ohn Ermatten,
Versöhnen kann uns keine Reu,
135 Ihn fort und fort bis zu den Schatten,
Und geben ihn auch dort nicht frei."

So singend, tanzen sie den Reigen,
Und Stille wie des Todes Schweigen
Liegt überm ganzen Hause schwer,
140 Als ob die Gottheit nahe wär.
Und feierlich, nach alter Sitte
Umwandelnd des Theaters Rund
Mit langsam abgemessnem Schritte,
Verschwinden sie im Hintergrund.

145 Und zwischen Trug und Wahrheit schwebet
Noch zweifelnd jede Brust und bebet
Und huldiget der furchtbarn Macht,
Die richtend im Verborgnen wacht,
Die unerforschlich, unergründet
150 Des Schicksals dunkeln Knäuel flicht,
Dem tiefen Herzen sich verkündet,
Doch fliehet vor dem Sonnenlicht.

Da hört man auf den höchsten Stufen
Auf einmal eine Stimme rufen:
155 „Sieh da! Sieh da, Timotheus,
Die Kraniche des Ibykus!" –
Und finster plötzlich wird der Himmel,
Und über dem Theater hin
Sieht man, in schwärzlichtem Gewimmel
160 Ein Kranichheer vorüberziehn.

„Des Ibykus!" – Der teure Name
Rührt jede Brust mit neuem Grame,
Und, wie im Meere Well auf Well,
So läufts von Mund zu Munde schnell:
165 „Des Ibykus, den wir beweinen,
Den eine Mörderhand erschlug!
Was ists mit dem? Was kann er meinen?
Was ists mit diesem Kranichzug?" –

Und lauter immer wird die Frage,
170 Und ahnend fliegts mit Blitzesschlage
Durch alle Herzen. „Gebet Acht!
Das ist der Eumeniden[8] Macht!
Der fromme Dichter wird gerochen,
Der Mörder bietet selbst sich dar!
175 Ergreift ihn, der das Wort gesprochen,
Und ihn, an dens gerichtet war."

Doch dem war kaum das Wort entfahren,
Möcht ers im Busen gern bewahren;
Umsonst, der schreckenbleiche Mund
180 Macht schnell die Schuldbewussten kund.
Man reißt und schleppt sie vor den Richter,
Die Szene wird zum Tribunal[9],
Und es gestehn die Bösewichter,
Getroffen von der Rache Strahl.

8 **Eumeniden:** anderes Wort für Erinnyen
9 **Tribunal:** Gericht

7 **Erinnyen:** griechische Rachegöttinnen der Unterwelt

Fortsetzung von Seite 47 **Die Kraniche des Ibykus – ein Krimi**

Schiller erzählt in den „Kranichen des Ibykus" einen spannenden Krimi aus dem antiken Griechenland. Hier die wichtigsten Informationen auf einen Blick:

TATORT:	Griechenland
ZEIT:	6. Jahrhundert vor Christus
OPFER:	Ibykus, ein Sänger
MÖRDER:	zwei Maskierte, darunter ein gewisser Timotheus
ZEUGEN:	Kraniche
KOMMISSAR:	Euminiden (Rachegöttinnen)
SCHAUPLÄTZE:	Poseidons Fichtenhain; das antike Theater

Aufgabe

1. Erzähle Schillers Ballade als Krimi.
   Setze den Anfang in deinem Heft fort.

Tod eines Sängers

Als der einsame Wanderer die Burganlagen von Korinth erblickte, war es schon spät am Nachmittag. Das Ziel, das große antike Theater, war endlich nahe. Um ihn herum war es seltsam still. Lediglich Schwärme von Kranichen, die es in die Wärme des Südens zog, begleiteten ihn. Schaudernd betrat er einen dichten Fichtenwald …

„Die Kraniche des Ibykus" – Goethes Tipps

Goethes und Schillers Beschäftigung mit Balladen erreicht im Jahr 1797 – dem so genannten Balladenjahr – ihren Höhepunkt. Die beiden Dichter diskutieren über ihre unfertigen Texte und geben sich gegenseitig wichtige Anregungen. Aus der „Balladendebatte", die so entsteht, stammen die beiden folgenden Briefe Goethes.

Frankfurt, 22. August 1797

Die „Kraniche des Ibykus" finde ich sehr gut geraten, der Übergang zum Theater ist sehr schön und der Chor der Eumeniden am rechten Platze …
Nun auch einige Bemerkungen:
1) Die Kraniche sollten, als Zugvögel, ein ganzer Schwarm sein, die sowohl über den Ibykus als über das Theater wegfliegen, sie kommen als Naturphänomen und stellen sich so neben die Sonne und andere regelmäßige Erscheinungen. Auch wird das Wunderbare dadurch weggenommen, indem es nicht ebendieselben zu sein brauchen, es ist vielleicht nur eine Abteilung des großen wandernden Heeres, und das Zufällige macht eigentlich, wie mich dünkt, das Ahndungsvolle und Sonderbare in der Geschichte.
2) Dann würde ich nach dem […] Verse, wo die Erinnyen sich zurückgezogen haben, noch einen Vers einrücken, um die Gemütsstimmung des Volkes, in welche der Inhalt des Chors sie versetzt, darzustellen, und von den ernsten Betrachtungen der Guten zu der gleichgültigen Zerstreuung der Ruchlosen übergehen und dann den Mörder zwar dumm, roh und laut, aber doch nur dem Kreise der Nachbarn vernehmlich, seine gaffende Bemerkung ausrufen lassen; daraus entständen zwischen ihm und den nächsten Zuschauern Händel, dadurch würde das Volk aufmerksam usw. Auf diesem Wege sowie durch den *Zug* der Kraniche würde alles ganz ins Natürliche gespielt und nach meiner Empfindung die Wirkung erhöht …

Frankfurt, den 23. August 1797

Zu dem, was ich gestern über die Ballade gesagt, muss ich noch heute etwas zu mehrerer Deutlichkeit hinzufügen. Ich wünschte, da Ihnen die Mitte so sehr gelungen, dass Sie auch noch an die Exposition[1] einige Verse wendeten, da das Gedicht ohnehin nicht lang ist. Meo voto[2] würden die Kraniche schon von dem wandernden Ibykus erblickt, sich, als Reisenden, verglich' er mit den reisenden Vögeln, sich, als Gast, mit den Gästen, zöge daraus eine gute Vorbedeutung und rief' alsdann unter den Händen der Mörder die schon bekannten Kraniche, seine Reisegefährten, als Zeugen an. Ja, wenn man es vorteilhaft fände, so könnte er diese Züge schon bei der Schifffahrt gesehen haben. Sie sehen, was ich gestern schon sagte, dass es mir darum zu tun ist, aus diesen Kranichen ein langes und breites Phänomen zu machen, welches sich wieder mit dem langen, verstrickenden Faden der Eumeniden, nach meiner Vorstellung, gut verbinden würde. Was den Schluss betrifft, habe ich gestern schon meine Meinung gesagt …

1 **Exposition:** Anfang
2 **meo voto:** meiner Ansicht nach

Aufgaben

1. Lies Goethes Briefe genau.
   Kennzeichne dabei Textstellen, in denen Goethe Änderungsvorschläge macht.
2. Lies Schillers „Kraniche des Ibykus" (S. 46–47).
   Markiere Stellen, an denen Schiller Goethes Ratschläge befolgt hat.
3. Was wollte Goethe mit seinen Ratschlägen erreichen?
   Beantworte die Frage schriftlich.

Kindsmord: damals und heute

Bis in das späte 18. Jahrhundert hinein wurden unverheiratete Mütter hart bestraft, nicht selten mit dem Tode. Die Väter dagegen blieben zumeist unbehelligt.
Selbst wenn die gerichtliche Strafe milde ausfiel, wurden unverheiratete Mütter, die aus dem bürgerlichen Milieu stammten, an den Rand der Gesellschaft gedrängt. Viele Kindsmorde waren daher wohl auch Verzweiflungstaten.

Die Kindsmörderin

Horch – die Glocken weinen dumpf zusammen,
Und der Zeiger hat vollbracht den Lauf.
Nun, so seis denn! – Nun, in Gottes Namen!
Grabgefährten, brecht zum Richtplatz auf!
5 Nimm, o Welt, die letzten Abschiedsküsse,
Diese Tränen nimm, o Welt, noch hin!
Deine Gifte – o sie schmeckten süße!
Wir sind quitt, du Herzvergifterin.

Fahret wohl, ihr Freuden dieser Sonne,
10 Gegen schwarzen Moder[1] umgetauscht!
Fahre wohl, du Rosenzeit voll Wonne,
Die so oft das Mädchen lustberauscht!
Fahret wohl, ihr goldgewebten Träume,
Paradieseskinder-Phantasien!
15 Weh! sie starben schon im Morgenkeime,
Ewig nimmer an das Licht zu blühn.

Schön geschmückt mit rosaroten Schleifen
Deckte mich der Unschuld Schwanenkleid,
In der blonden Locken loses Schweifen
20 Waren junge Rosen eingestreut: –
Wehe! – die Geopferte der Hölle
Schmückt noch itzt das weißlichste Gewand,
Aber ach! – der Rosenschleifen Stelle
Nahm ein schwarzes Totenband.

25 Weinet um mich, die ihr nie gefallen,
Denen noch der Unschuld Lilien blühn,
Denen zu dem weichen Busenwallen
Heldenstärke die Natur verliehn!
Wehe! – menschlich hat dies Herz empfunden! –
30 Und Empfindung soll mein Richtschwert sein! –
Weh! vom Arm des falschen Manns umwunden,
Schlief Louisens Tugend ein.

Ach, vielleicht umflattert eine andre,
Mein vergessen, dieses Schlangenherz,
35 Überfließt, wenn ich zum Grabe wandre,
An dem Putztisch in verliebten Scherz?
Spielt vielleicht mit seines Mädchens Locke?
Schlingt den Kuss, den sie entgegenbringt?
Wenn, verspritzt auf diesem Todesblocke,
40 Hoch mein Blut vom Rumpfe springt.

1 **Moder:** Erdreich

Joseph! Joseph! auf entfernte Meilen
Folge dir Louisens Totenchor,
Und des Glockenturmes dumpfes Heulen
Schlage schrecklich mahnend an dein Ohr –
45 Wenn von eines Mädchens weichem Munde
Dir der Liebe sanft Gelispel quillt,
Bohr es plötzlich eine Höllenwunde
In der Wollust Rosenbild!

Ha, Verräter! nicht Louisens Schmerzen?
50 Nicht des Weibes Schande, harter Mann?
Nicht das Knäblein unter meinem Herzen?
Nicht was Löw und Tiger milden kann?
Seine Segel fliegen stolz vom Lande,
Meine Augen zittern dunkel nach,
55 Um die Mädchen an der *Seine* Strande
Winselt er sein falsches Ach! – –

Daniel Chodowiecki:
Öffentliche Auspeitschung unverheirateter Mütter (Kupferstich, 1782)

Fortsetzung auf Seite 51

Fortsetzung von Seite 50

Kindsmord: damals und heute

Und das Kindlein – in der Mutter Schoße
Lag es da in süßer, goldner Ruh,
In dem Reiz der jungen Morgenrose
60 Lachte mir der holde Kleine zu,
Tödlichlieblich sprang aus allen Zügen
Des geliebten Schelmen Konterfei[2];
Den beklommnen Mutterbusen wiegen
Liebe und – Verräterei.

65 „Weib, wo ist mein Vater?", lallte
Seiner Unschuld stumme Donnersprach,
„Weib, wo ist dein Gatte?", hallte
Jeder Winkel meines Herzens nach –
Weh, umsonst wirst, Waise, du ihn suchen,
70 Der vielleicht schon andre Kinder herzt,
Wirst der Stunde unsrer Wollust fluchen,
Wenn dich einst der Name Bastard schwärzt.

Deine Mutter – o im Busen Hölle! –
Einsam sitzt sie in dem All der Welt,
75 Durstet ewig an der Freudenquelle,
Die dein Anblick fürchterlich vergällt.
Ach, mit jedem Laut von dir erklingen
Schmerzgefühle des vergang'nen Glücks,
Und des Todes bittre Pfeile dringen
80 Aus dem Lächeln deines Kinderblicks.

Hölle, Hölle, wo ich dich vermisse,
Hölle, wo mein Auge dich erblickt,
Eumenidenruten[3] deine Küsse,
Die von *seinen* Lippen mich entzückt!
85 Seine Eide donnern aus dem Grabe wieder,
Ewig, ewig würgt sein Meineid fort,
Ewig – hier umstrickte mich die Hyder[4] –
Und vollendet war der Mord –

Joseph! Joseph! auf entfernte Meilen
90 Jage dir der grimme Schatten nach,
Mög mit kalten Armen dich ereilen,
Donnre dich aus Wonneträumen wach,
Im Geflimmer sanfter Sterne zucke
Dir des Kindes grasser Sterbeblick,
95 Es begegne dir im blutgen Schmucke,
Geißle dich vom Paradies zurück.

Seht, da lag es – lag im warmen Blute,
Das noch kurz im Mutterherzen sprang,
Hingemetzelt mit Erinnysmute,
100 wie ein Veilchen unter Sensenklang; – –
Schröcklich pocht schon des Gerichtes Bote,
Schröcklicher mein Herz!
Freudig eilt' ich, in dem kalten Tode
Auszulöschen meinen Flammenschmerz.

105 Joseph! Gott im Himmel kann verzeihen,
Dir verzeiht die Sünderin.
Meinen Groll will ich der Erde weihen,
Schlage, Flamme, durch den Holzstoß hin –
Glücklich! Glücklich! Seine Briefe lodern,
110 Seine Eide frisst ein siegend Feur,
Seine Küsse! – wie sie hoch auflodern! –
Was auf Erden war mir einst so teur?

Trauet nicht den Rosen eurer Jugend,
Trauet, Schwestern, Männerschwüren nie!
115 Schönheit war die Falle meiner Tugend,
Auf der Richtstatt hier verfluch ich sie! –
Zähren? Zähren in des Würgers Blicken?
Schnell die Binde um mein Angesicht!
Henker, kannst du keine Lilie knicken?
120 Bleicher Henker, zittre nicht! – – –

2 **Konterfei:** Bild
3 **Eumenidenruten:** Geißeln der Rachegöttinnen
4 **Hyder:** für Hydra, vielköpfige Wasserschlange

Aufgaben

1. Erkläre, wie Luise kurz vor ihrer Hinrichtung zum Vater ihres Kindes und zu ihrer Tat steht. Begründe deine Erklärung mit Textstellen.

2. Formuliert verschiedene Ansichten zu Luises Fall:
   a) einen Zeitungsbericht, der die Rechtsprechung kritisch bewertet,
   b) einen Tagebucheintrag von Luises Freundin,
   c) einen Brief des Kindsvaters an einen Bekannten.

3. Auch heute berichten Medien von ausgesetzten Kindern, Misshandlungen und Kindsmord. Diskutiert über mögliche Ursachen und Hintergründe.

4. Stellt euch vor, Luise stünde heute vor Gericht. Was wäre ähnlich wie zu Schillers Zeiten, was ganz anders?
Formuliert die Reden des Anklägers und des Verteidigers.

An die Sonne

Aufgabe

1. Vervollständige Schillers Gedicht „An die Sonne".
   Rechts neben dem Gedicht stehen jeweils drei Wörter. Wähle eines aus und schreibe es in die Lücke.
   Vergleiche deine Ergebnisse mit einem Lernpartner.

Preis dir, die du dorten heraufstrahlst, _____ des Himmels!	*Königin, Mutter, Tochter*
Preis dem lieblichen Glanz	
Deines _____, der alles begrüßet und alles erfreuet!	*Blickes, Lächelns, Strahlens*
Trüb in Schauern und Nacht	
5 Stand begraben die prächtige Schöpfung: _____ war die Schönheit	*gestorben, tot, verwehrt*
Lang dem lechzenden Blick:	
Aber _____ stiegst du früh aus dem rosigen Schoße	*liebevoll, prachtvoll, strahlend*
Deiner Wolken empor,	
Wecktest uns auf die Morgenröte; und _____	*freundlich, lieblich, sittsam*
10 Schimmert' diese herfür	
Über die Berg und verkündete deine süße Hervorkunft.	
Schnell begann nun das _____	*Dunkle, Finstere, Graun*
Sich zu wälzen dahin in ungeheuern Gebürgen.	
Dann erschienest du selbst,	
15 Herrliche *du*, und verschwunden waren die neblichte Riesen!	
Ach! wie _____ nun,	*Liebende, Paare, Vereinte*
Lange getrennt, liebäugelt der Himmel zur Erden und diese	
Lächelt zum Liebling empor;	
Und es _____ die Wolken am Saume der Höhe die Hügel;	*berühren, küssen, liebkosen*
20 Süßer atmet die Luft;	
Alle Fluren baden in deines Angesichts Abglanz	
Sich; und es _____ der Chor	*schlendert, wirbelt, zwitschert*
Des Gevögels aus der vergoldeten Grüne der Wälder	
_____ hinauf;	*Freudenlieder, Gesänge, Lobpreisungen*
25 Alle Wesen taumeln wie am Busen der Wonne:	
Selig die ganze Natur!	
Und dies alles, o Sonn! entquoll deiner himmlischen _____.	*Gabe, Liebe, Kunst*
Vater der Heilgen, vergib,	
O vergib mir, dass ich auf mein Angesicht falle	
30 Und _____ dein Werk! –	*anbete, verehre, vergöttere*
Aber nun schwebet sie fort im Zug der Purpurgewölke	
Über der Könige Reich,	
Über die unabsehbarn Wasser, über das _____:	*Firmament, Universum, Weltall*
Unter ihr werden zu Staub	
35 Alle Thronen, Moder die himmelaufschimmernden Städte;	
Ach! die Erde ist selbst	
_____ geworden. Sie aber bleibt in der Höhe,	*Grabeshügel, Sarg, Sarkophag*
Lächelt der Mörderin Zeit	
Und erfüllet ihr großes Geschäft, erleuchtet die Sphären.	
40 O! _____ noch lang,	*beehre, besuche, bewohne*
Herrlichstes Fürbild der Edeln, mit mildem, freundlichem Blicke	
Unsre Wohnung, bis einst	
Vor dem Schelten des Ewigen sinken die _____,	*Himmelskörper, Planeten, Sterne*
Und du selbsten erbleichst.	

Würde der Frauen

Ehret die Frauen! sie flechten und weben
Himmlische Rosen ins irdische Leben,
Flechten der Liebe beglückendes Band,
Und in der Grazie züchtigem Schleier
5 Nähren sie wachsam das ewige Feuer
Schöner Gefühle mit heiliger Hand.

Ewig aus der Wahrheit Schranken
Schweift des Mannes wilde Kraft,
Unstet treiben die Gedanken
10 Auf dem Meer der Leidenschaft.
Gierig greift er in die Ferne,
Nimmer wird sein Herz gestillt,
Rastlos durch entlegne Sterne
Jagt er seines Traumes Bild.

15 Aber mit zauberisch fesselndem Blicke
Winken die Frauen den Flüchtling zurücke,
Warnend zurück in der Gegenwart Spur.
In der Mutter bescheidener Hütte
Sind sie geblieben mit schamhafter Sitte,
20 Treue Töchter der frommen Natur.

Feindlich ist des Mannes Streben,
Mit zermalmender Gewalt
Geht der wilde durch das Leben
Ohne Rast und Aufenthalt.
25 Was er schuf, zerstört er wieder,
Nimmer ruht der Wünsche Streit,
Nimmer, wie das Haupt der Hyder[1]
Ewig fällt und sich erneut.

Aber, zufrieden mit stillerem Ruhme,
30 Brechen die Frauen des Augenblicks Blume,
Nähren sie sorgsam mit liebendem Fleiß,
Freier in ihrem gebundenen Wirken,
Reicher als er in des Wissens Bezirken
Und in der Dichtung unendlichem Kreis.

35 Streng und stolz sich selbst genügend,
Kennt des Mannes kalte Brust,
Herzlich an ein Herz sich schmiegend,
Nicht der Liebe Götterlust,
Kennet nicht den Tausch der Seelen,
40 Nicht in Tränen schmilzt er hin,
Selbst des Lebens Kämpfe stählen
Härter seinen harten Sinn.

Aber, wie leise vom Zephyr[2] erschüttert
Schnell die äolische Harfe[3] erzittert,
45 Also die fühlende Seele der Frau.
Zärtlich geängstigt vom Bilde der Qualen,
Wallet der liebende Busen, es strahlen
Perlend die Augen vom himmlischen Tau.

In der Männer Herrschgebiete
50 Gilt der Stärke trotzig Recht,
Mit dem Schwert beweist der Scythe[4]
Und der Perser wird zum Knecht.
Es befehden sich im Grimme
Die Begierden wild und roh,
55 Und der Eris[5] raue Stimme
Waltet, wo die Charis[6] floh.

Aber mit sanft überredender Bitte
Führen die Frauen den Zepter der Sitte,
Löschen die Zwietracht, die tobend entglüht,
60 Lehren die Kräfte, die feindlich sich hassen,
Sich in der lieblichen Form zu umfassen,
Und vereinen, was ewig sich flieht.

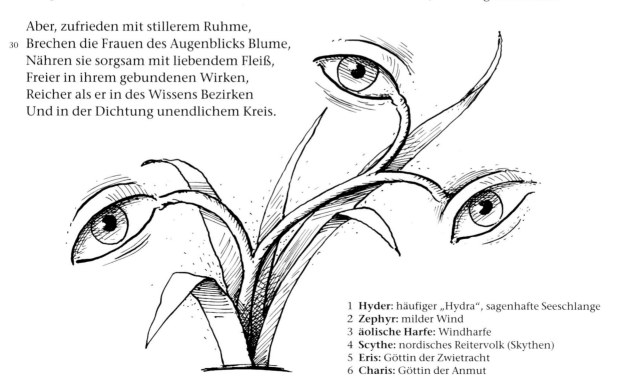

1 **Hyder:** häufiger „Hydra", sagenhafte Seeschlange
2 **Zephyr:** milder Wind
3 **äolische Harfe:** Windharfe
4 **Scythe:** nordisches Reitervolk (Skythen)
5 **Eris:** Göttin der Zwietracht
6 **Charis:** Göttin der Anmut

Fortsetzung von Seite 53

Würde der Frauen

1796 veröffentlicht Schiller das Gedicht „Würde der Frauen". Er stellt darin aus seiner Sicht „typisch weibliche" und „typisch männliche" Verhaltensweisen gegenüber.

Aufgaben

1. In welchen Strophen beschreibt Schiller die Frau? In welchen den Mann?
   Schreibe neben die Strophen entweder ein F (für Frau) oder ein M (für Mann).
2. Markiere im Gedicht männliche und weibliche Verhaltensweisen mit verschiedenen Farben.
3. Schreibe in die Piktogramme „Frauen gestern" und „Männer gestern" passende Stichworte.
   Teilst du Schillers Ansichten? Nimm Stellung.
4. Was sind heute „typisch männliche" oder „typisch weibliche" Verhaltensweisen?
   Schreibe Stichworte in die Piktogramme.

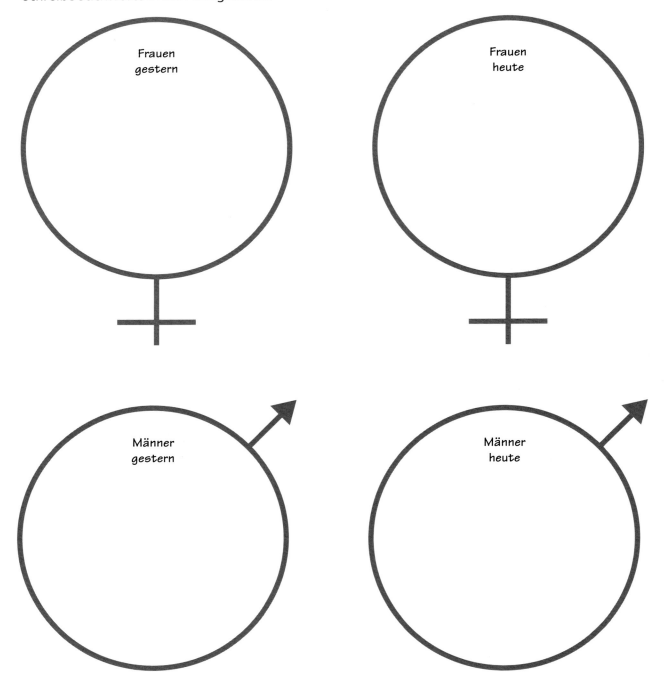

Punschlied

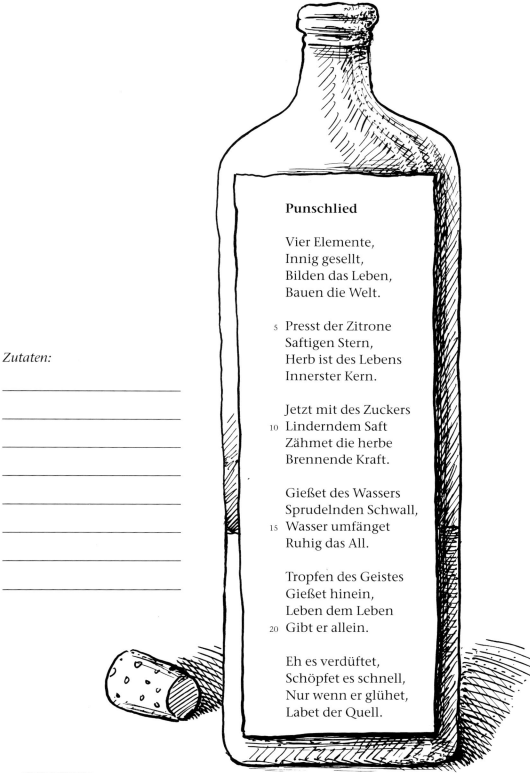

Punschlied

Vier Elemente,
Innig gesellt,
Bilden das Leben,
Bauen die Welt.

5 Presst der Zitrone
Saftigen Stern,
Herb ist des Lebens
Innerster Kern.

Jetzt mit des Zuckers
10 Linderndem Saft
Zähmet die herbe
Brennende Kraft.

Gießet des Wassers
Sprudelnden Schwall,
15 Wasser umfänget
Ruhig das All.

Tropfen des Geistes
Gießet hinein,
Leben dem Leben
20 Gibt er allein.

Eh es verdüftet,
Schöpfet es schnell,
Nur wenn er glühet,
Labet der Quell.

Zutaten:

_____
_____
_____
_____
_____
_____

Aufgaben

1. Gestalte eine Seite für ein Kochbuch.
   a) Zeichne die Zutaten für den Punsch neben das Gedicht.
   b) Schreibe die Zutaten noch einmal auf.
   c) Klebe dein Rezept in dein Heft.

2. Du kannst das Punschlied auch in Schönschrift abschreiben und dann gestalten.

Fortsetzung auf Seite 56

Fortsetzung von Seite 55

Punschlied

Ein Punsch ist eigentlich ein alkoholhaltiges Getränk. Aber in dem Punsch, den Schiller anrührt, steckt noch mehr.

Aufgaben

3. Das Punschlied steckt voller Lebensweisheiten.
   a) Welche der Weisheiten auf dieser Seite passen deiner Meinung nach zu Schillers Lied?
   b) Ordne die Weisheiten den Strophen des Liedes zu. Ergänze weitere Weisheiten.

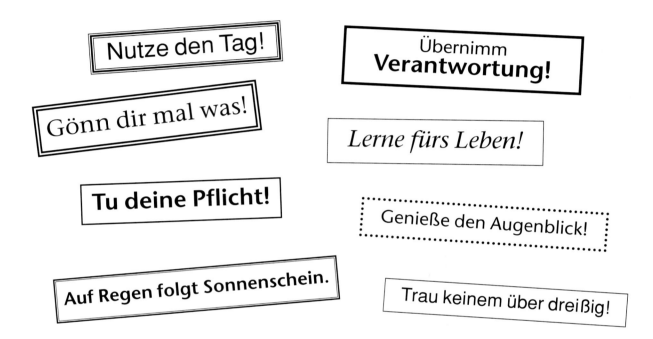

4. Stell dir vor, du wärest 80 Jahre alt und möchtest deinem Enkel einige Lebensweisheiten mit auf den Weg geben.
   Setze dafür den Briefanfang fort.

Mein lieber Enkel,

du wirst nun erwachsen und ziehst in die Welt hinaus. Ich möchte dir daher ein paar Dinge

ans Herz legen …

Der Jüngling am Bache – Sehnsucht

Einen Nachen¹ seh ich schwanken,
Aber ach! der Fährmann fehlt.
Frisch hinein und ohne Wanken!
Seine Segel sind beseelt.
Du musst glauben, du musst wagen,
Denn die Götter leihn kein Pfand,
Nur ein Wunder kann dich tragen
In das schöne Wunderland.

Fraget nicht, warum ich traure
In des Lebens Blütenzeit!
Alles freuet sich und hoffet,
Wenn der Frühling sich erneut.
Aber diese tausend Stimmen
Der erwachenden Natur
Wecken in dem tiefen Busen
Mir den schweren Kummer nur.

Harmonien hör ich klingen,
Töne süßer Himmelsruh,
Und die leichten Winde bringen
Mir der Düfte Balsam zu.
Goldne Früchte seh ich glühen,
Winkend zwischen dunkelm Laub,
Und die Blumen, die dort blühen,
Werden keines Winters Raub.

Ach wie schön muss sichs ergehen
Dort im ewgen Sonnenschein,
Und die Luft auf jenen Höhen,
O wie labend muss sie sein!
Doch mir wehrt des Stromes Toben,
Der ergrimmt dazwischen braust,
Seine Wellen sind gehoben,
Dass die Seele mir ergraust.

Komm herab, du schöne Holde,
Und verlass dein stolzes Schloss!
Blumen, die der Lenz geboren,
Streu ich dir in deinen Schoß.
Horch, der Hain erschallt von Liedern
Und die Quelle rieselt klar!
Raum ist in der kleinsten Hütte
Für ein glücklich liebend Paar."

Der Jüngling am Bache

An der Quelle saß der Knabe,
Blumen wand er sich zum Kranz,
Und er sah sie fortgerissen,
Treiben in der Wellen Tanz: –
„Und so fliehen meine Tage
Wie die Quelle rastlos hin!
Und so bleichet meine Jugend,
Wie die Kränze schnell verblühn.

Was soll mir die Freude frommen,
Die der schöne Lenz mir beut²?
Eine nur ists, die ich suche,
Sie ist nah und ewig weit.
Sehnend breit ich meine Arme
Nach dem teuren Schattenbild,
Ach, ich kann es nicht erreichen,
Und das Herz bleibt ungestillt!

Sehnsucht

Ach, aus dieses Tales Gründen,
Die der kalte Nebel drückt,
Könnt ich doch den Ausgang finden,
Ach, wie fühlt ich mich beglückt!
Dort erblick ich schöne Hügel,
Ewig jung und ewig grün!
Hätt ich Schwingen, hätt ich Flügel,
Nach den Hügeln zög ich hin.

1 **Nachen:** Kahn
2 **beut:** bietet

Aufgaben

1. Stelle die Strophen zu zwei Gedichten zusammen. Dafür findest du hier fünf wichtige Tipps:
   – Die Überschrift und die erste Strophe sind vorgegeben.
   – Jedes Gedicht hat vier Strophen.
   – Im Gedicht „Sehnsucht" schweift das lyrische Ich in die Ferne.
   – Im Gedicht „Der Jüngling am Bache" sehnt sich das lyrische Ich nach der Liebe.
   – Achte auf das Reimschema.

2. Stell dir vor, du säßest am Bache. Wonach sehnst du dich?
   Schreibe ein Gedicht oder einen Tagebucheintrag.

Der Pilgrim

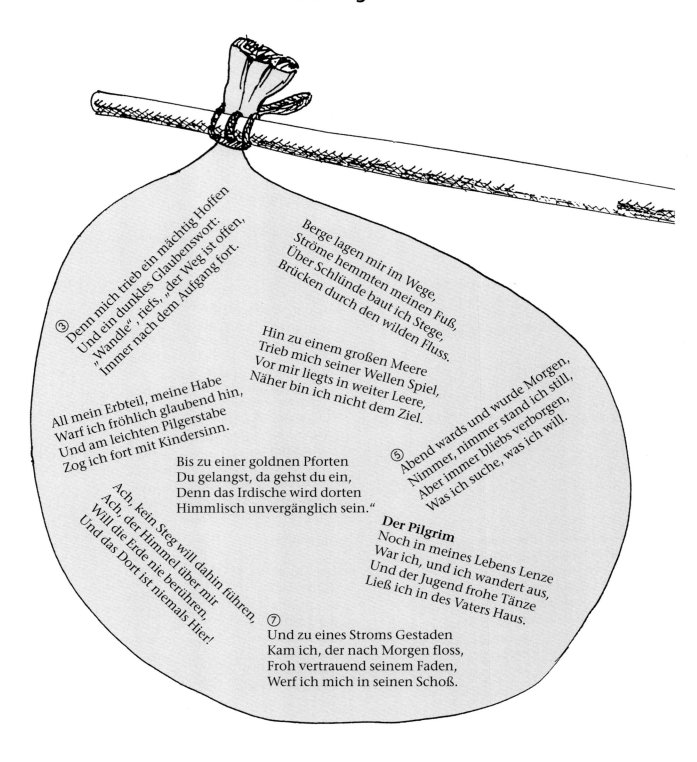

③ Denn mich trieb ein mächtig Hoffen
Und ein dunkles Glaubenswort:
"Wandle", riefs, "der Weg ist offen,
Immer nach dem Aufgang fort.

Berge lagen mir im Wege,
Ströme hemmten meinen Fuß,
Über Schlünde baut ich Stege,
Brücken durch den wilden Fluss.

All mein Erbteil, meine Habe
Warf ich fröhlich glaubend hin,
Und am leichten Pilgerstabe
Zog ich fort mit Kindersinn.

Hin zu einem großen Meere
Trieb mich seiner Wellen Spiel,
Vor mir liegts in weiter Leere,
Näher bin ich nicht dem Ziel.

⑤ Abend wards und wurde Morgen,
Nimmer, nimmer stand ich still,
Aber immer bliebs verborgen,
Was ich suche, was ich will.

Bis zu einer goldnen Pforten
Du gelangst, da gehst du ein,
Denn das Irdische wird dorten
Himmlisch unvergänglich sein."

Der Pilgrim
Noch in meines Lebens Lenze
War ich, und ich wandert aus,
Und der Jugend frohe Tänze
Ließ ich in des Vaters Haus.

⑦ Und zu eines Stroms Gestaden
Kam ich, der nach Morgen floss,
Froh vertrauend seinem Faden,
Werf ich mich in seinen Schoß.

Ach, kein Steg will dahin führen,
Ach, der Himmel über mir
Will die Erde nie berühren,
Und das Dort ist niemals Hier!

Aufgaben

1. Schneide die Strophen aus und bringe sie in die richtige Reihenfolge. Vier Strophen sind bereits eingeordnet.
2. Vergleiche dein Gedicht mit dem Original im Lösungsteil.
3. Welches Ziel verfolgt der Pilgrim? Erreicht er es auch? Beantworte diese Fragen in deinem Heft.

Die Worte des Glaubens

Behauptung
Der Sprecher behauptet, _____
_____
_____
_____

1. Argument
_____
_____
_____
_____

2. Argument
_____
_____
_____
_____

3. Argument
_____
_____
_____
_____

Schlussfolgerung
Ich meine, _____
_____
_____
_____

Drei Worte nenn ich euch, inhaltschwer,
Sie gehen von Munde zu Munde,
Doch stammen sie nicht von außen her,
Das Herz nur gibt davon Kunde.
5 Dem Menschen ist aller Wert geraubt,
Wenn er nicht mehr an die drei Worte glaubt.

Der Mensch ist frei geschaffen, ist frei,
Und würd er in Ketten geboren,
Lasst euch nicht irren des Pöbels Geschrei,
10 Nicht den Missbrauch rasender Toren.
Vor dem Sklaven, wenn er die Kette bricht,
Vor dem freien Menschen erzittert nicht.

Und die Tugend, sie ist kein leerer Schall,
Der Mensch kann sie üben im Leben,
15 Und sollt er auch straucheln überall,
Er kann nach der göttlichen streben,
Und was kein Verstand der Verständigen sieht,
Das übet in Einfalt ein kindlich Gemüt.

Und ein Gott ist, ein heiliger Wille lebt,
20 Wie auch der menschliche wanke,
Hoch über der Zeit und dem Raume webt
Lebendig der höchste Gedanke,
Und ob alles in ewigem Wechsel kreist,
Es beharret im Wechsel ein ruhiger Geist.

25 Die drei Worte bewahret euch, inhaltschwer,
Die pflanzet von Munde zu Munde,
Und stammen sie gleich nicht von außen her,
Euer Innres gibt davon Kunde.
Dem Menschen ist nimmer sein Wert geraubt,
30 Solang er noch an die drei Worte glaubt.

Aufgaben

1. Schreibe in die Zeilen, welche Behauptung Schiller aufstellt und welche Argumente er dafür anführt. Ziehe daraus eine Schlussfolgerung.
2. Bildet kleine Arbeitsgruppen. Diskutiert Schillers Menschenbild. Bezieht dabei eure Ergebnisse aus Aufgabe 1 mit ein.
3. Trage das Gedicht vor.

Kabale und Liebe – ein Theaterprojekt

Der junge Baron Ferdinand von Walter hat sich in die Bürgerstochter Luise Millerin verliebt und möchte sie heiraten. Doch sein Vater, der Präsident am Hof des Fürsten ist, kann diesen Wunsch nicht akzeptieren. Bürger sind für ihn Menschen zweiter Klasse. Um die Verbindung seines Sohnes zu lösen, stattet er Luise in ihrem Elternhaus einen Besuch ab. – Wir sind in der sechsten Szene des zweiten Aktes. Neben Luise und Ferdinand sind auch Luises Vater und ihre Mutter zugegen.

Halten zu Gnaden-Szene

PRÄSIDENT *im Hereintreten:* Da ist er schon.
ALLE *erschrocken.*
FERDINAND *weicht einige Schritte zurück:* Im Hause der Unschuld.
PRÄSIDENT: Wo der Sohn Gehorsam gegen den Vater lernt?
FERDINAND: Lassen Sie uns das – –
PRÄSIDENT *unterbricht ihn, zu Millern:* Er ist der Vater?
MILLER: Stadtmusikant Miller.
PRÄSIDENT *zur Frau:* Sie die Mutter?
FRAU: Ach ja! die Mutter.
FERDINAND *zu Millern:* Vater, bring Er die Tochter weg – Sie droht eine Ohnmacht.
PRÄSIDENT: Überflüssige Sorgfalt. […] *Zu Luisen.* Wie lang kennt Sie den Sohn des Präsidenten?
LUISE: Diesem habe ich nie nachgefragt. Ferdinand von Walter besucht mich seit dem November.
FERDINAND: Betet sie an.
PRÄSIDENT: Erhielt Sie Versicherungen?
FERDINAND: Vor wenig Augenblicken die feierlichste im Angesicht Gottes.
PRÄSIDENT *zornig zu seinem Sohn:* Zur Beichte deiner Torheit wird man dir schon das Zeichen geben. *Zu Luisen.* Ich warte auf Antwort.
LUISE: Er schwur mir Liebe.
FERDINAND: Und wird sie halten.
PRÄSIDENT: Muss ich befehlen, dass du schweigst? – Nahm Sie den Schwur an?
LUISE *zärtlich:* Ich erwiderte ihn.
FERDINAND *mit fester Stimme:* Der Bund ist geschlossen.
PRÄSIDENT: Ich werde das Echo hinauswerfen lassen. *Boshaft zu Luisen.* Aber er bezahlte Sie doch jederzeit bar? […]
FERDINAND *fährt wie rasend auf:* Hölle! was war das?
LUISE *zum Major mit Würde und Unwillen:* Herr von Walter, jetzt sind Sie frei.
FERDINAND: Vater! E h r f u r c h t befiehlt die Tugend auch im Bettlerkleid.
PRÄSIDENT *lacht lauter:* Eine lustige Zumutung! Der Vater soll die H u r e des Sohns respektieren.
LUISE *stürzt nieder:* O Himmel und Erde!
FERDINAND *mit Luisen zu gleicher Zeit, indem er den Degen nach dem Präsidenten zückt, den er aber schnell wieder sinken lässt:* Vater! Sie hatten einmal ein Leben an mich zu fordern. – Es ist bezahlt. *Den Degen einsteckend.* Der Schuldbrief der kindlichen Pflicht liegt zerrissen da –
MILLER, *der bis jetzt furchtsam auf der Seite gestanden, tritt hervor in Bewegung, wechselweis für Wut mit den Zähnen knirschend und für Angst damit klappernd:* Euer Exzellenz – Das Kind ist des Vaters Arbeit – Halten zu Gnaden – Wer das Kind eine Mähre schilt, schlägt den Vater ans Ohr, und Ohrfeig um Ohrfeig – Das ist so Tax'[1] bei uns – Halten zu Gnaden.
FRAU: Hilf, Herr und Heiland! – Jetzt bricht auch der Alte los – über unserm Kopf wird das Wetter zusammenschlagen.
PRÄSIDENT, *der es nur halb gehört hat:* Regt sich der Kuppler auch? – Wir sprechen uns gleich, Kuppler.
MILLER: Halten zu Gnaden. Ich heiße Miller, wenn Sie ein Adagio[2] hören wollen – mit Buhlschaften dien ich nicht! Solang der Hof da noch Vorrat hat, kommt die Lieferung nicht an uns Bürgersleut'. Halten zu Gnaden.
FRAU: Um des Himmels willen, Mann! Du bringst Weib und Kind um.
FERDINAND: Sie spielen hier eine Rolle, mein Vater, wobei Sie sich wenigstens die Zeugen hätten ersparen können.
MILLER *kommt ihm näher, herzhafter:* Deutsch und verständlich. Halten zu Gnaden. Euer Exzellenz schalten und walten im Land. D a s ist meine Stube. […] Den ungehobelten Gast werf ich zur Tür hinaus – Halten zu Gnaden.
PRÄSIDENT *vor Wut blass:* Was? – Was ist das? *Tritt ihm näher.*
MILLER *zieht sich sachte zurück:* Das war nur so meine Meinung, Herr – Halten zu Gnaden.
PRÄSIDENT *in Flammen:* Ha, Spitzbube! Ins Zuchthaus spricht dich deine vermessene Meinung – Fort! Man soll Gerichtsdiener holen. *Einige vom Gefolge gehen ab; der Präsident rennt voll Wut durch das Zimmer.* Vater ins Zuchthaus – an den Pranger Mutter und Metze von Tochter! – Die Gerechtigkeit soll meiner Wut ihre Arme borgen. Für diesen Schimpf muss ich schreckliche Genugtuung haben – Ein solches Gesindel sollte meine Pläne zerschlagen und ungestraft Vater und Sohn aneinander hetzen? – Ha, Verfluchte! […]
FERDINAND *tritt gelassen und standhaft unter sie hin:* O nicht doch! Seid außer Furcht! I c h bin zugegen. *Zum Präsidenten mit Unterwürfigkeit.* Keine Übereilung, mein Vater! Wenn Sie sich selbst lieben, keine Gewalttätigkeit – Es gibt eine Gegend in meinem Herzen, worin das Wort Vater noch nie gehört worden ist – Dringen Sie nicht bis in diese.
PRÄSIDENT: Nichtswürdiger! Schweig! Reize meinen Grimm nicht noch mehr.
MILLER *kommt aus einer dumpfen Betäubung zu sich selbst:* Schau du nach deinem Kinde, Frau. Ich laufe zum Herzog – […] *Er will gehen.*
PRÄSIDENT: [Zum] Herzog, sagst du? – Hast du vergessen, dass ich die Schwelle bin, worüber du springen oder den Hals brechen musst? [Zum] Herzog, du Dummkopf? – Versuch es, wenn du, lebendig tot, eine Turmhöhe tief unter dem Boden im Kerker liegst, wo die Nacht mit der Hölle liebäugelt und Schall und Licht wieder umkehren, rassle dann mit deinen Ketten und wimmre: Mir ist zu viel geschehen! […]

---

1 **Tax:** Sitte, Brauch

2 **Adagio:** langsames Musikstück

Fortsetzung auf Seite 61

Fortsetzung von Seite 60 **Kabale und Liebe – ein Theaterprojekt**

Aufgaben

1. Welches Bild passt zu Luise? Welches zu Ferdinand? Begründe deine Auswahl schriftlich.
2. Um die Figuren richtig darzustellen, musst du sie besser kennen lernen. Ordne den Figuren jeweils drei Eigenschaften zu. Du findest dafür rechts einige Vorschläge.

EIGENSCHAFTEN

ängstlich, mutig, kleinlaut, jähzornig, anständig, gefährlich, ruhig, hochmütig, ungeschickt, hilflos, willensstark, vorsichtig, herrschsüchtig, laut, leise, naiv

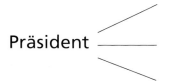

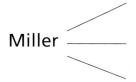

3. Lest die Szene nun mit verteilten Rollen. Versucht dabei die verschiedenen Eigenschaften der Figuren deutlich zu machen.

Fortsetzung auf Seite 62

Fortsetzung von Seite 61 **Kabale und Liebe – ein Theaterprojekt**

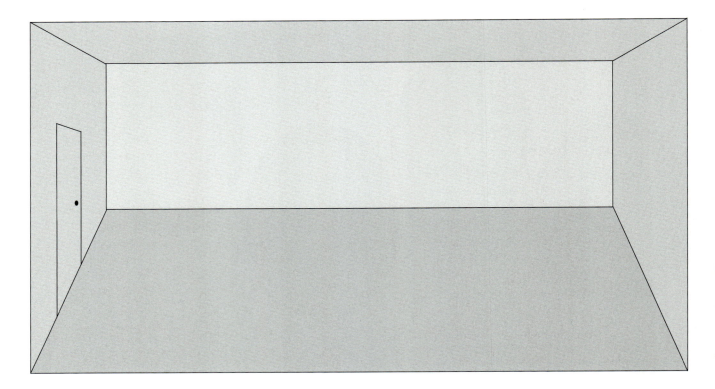

Aufgaben

4. Zeichne das Bühnenbild in den vorgegebenen Rahmen.
   Überlege vorher, wie die Stube des Bürgers und Musikanten Miller wohl eingerichtet ist.
5. Überlege, wo die Figuren sich während der Szene befinden und wohin sie sich bewegen. Zum Beispiel könnte Luise erschrocken zurückweichen oder Ferdinand wütend auf den Präsidenten zugehen.
   a) Schneide die Namenskärtchen aus.
   b) Stelle die Kärtchen im Bühnenbild auf.
      Vollziehe die Bewegungen der Figuren nach.

| Ferdinand | Präsident | Miller | Luise | Millerin |

6. Zeichnet Kostümentwürfe für die fünf Hauptpersonen.   X + Bühnenbild
7. Gestaltet ein Theaterplakat, mit dem ihr eure Aufführung ankündigt.
8. Gestaltet ein kleines Programmheft.
9. Spielt die Szene.

Handschriftliche Notizen:

1. Aufz. S. 1 Einführng.
   S. 3 Figurenensemble
2. zu Figuren - Kostüme entwerfen!   Major
   (Luise / Ferdinand / Miller + Frau)
3. 1. Akt / 1. Szene lesen   } Note?!
   2. Bühnenbild entwerfen
   Stube des Bürgers Miller
   Wo halten sich Personen auf?
4. HA (siehe Aufzeichnunge!)

Turandot, Prinzessin von China

Die ebenso schöne wie grausame Prinzessin Turandot will nicht heiraten. Mit Hilfe von Rätseln stellt sie den Scharfsinn ihrer Freier auf die Probe. Die Erfolglosen, die auch nur eines der drei Rätsel nicht lösen können, lässt sie köpfen. Aber warum diese Grausamkeit? Schiller geht es nicht um die Launen einer verzogenen Prinzessin, sondern um die Stellung Turandots in einer Männergesellschaft. Sobald Turandot die Ehe eingeht, wird sie gemäß den Bräuchen ihres Landes zum rechtlosen Besitz ihres Mannes. Turandot verteidigt also ihre Freiheit.

Es treten auf:
ALTOUM, *Kaiser von China*
TURANDOT, *seine Tochter*
KALAF, *ein Prinz*
PANTALON, *Kanzler*
TARTAGLIA, *Minister*
DOKTOREN
ZELIMA, *Sklavin der Turandot*

Zweiter Akt – vierter Auftritt: Im Diwan¹

TURANDOT *(nach einer langen Pause).*
    Wer ist's, der sich aufs Neu vermessen schmeichelt,
    Nach so viel kläglich warnender Erfahrung,
    In meine tiefen Rätsel einzudringen!
5   Der, seines eignen Lebens Feind, die Zahl
    Der Todesopfer zu vermehren kommt!
ALTOUM *(zeigt auf Kalaf, der erstaunt in der Mitte des
    Diwans steht).*
    Der ist es, Tochter – würdig wohl ist er's,
10 Dass du freiwillig zum Gemahl ihn wählest,
    Ohn ihn der furchtbarn Probe auszusetzen
    Und neue Trauer diesem Land, dem Herzen
    Des Vaters neue Stacheln zu bereiten.
TURANDOT *(nachdem sie ihn eine Zeit lang betrachtet, leise
15 zu Zelima).*
    O Himmel! Wie geschieht mir! […] –
    Prinz! Noch ist's Zeit. Gebt das verwegene
    Beginnen auf! Gebt's auf! Weicht aus dem Diwan.
    Der Himmel weiß, dass jene Zungen lügen,
20 Die mich der Härte zeihn und Grausamkeit.
    – Ich bin nicht grausam. Frei nur will ich leben.
    Bloß keines andern will ich sein; dies Recht,
    Das auch dem Allerniedrigsten der Menschen
    Im Leib der Mutter anerschaffen ist,
25 Will ich behaupten, eine Kaiserstochter.
    Ich sehe durch ganz Asien das Weib
    Erniedrigt und zum Sklavenjoch verdammt,
    Und rächen will ich mein beleidigtes Geschlecht
    An diesem stolzen Männervolke, dem
30 Kein andrer Vorzug vor dem zärtern Weibe
    Als rohe Stärke ward. Zur Waffe gab
    Natur mir den erfindenden Verstand
    Und Scharfsinn, meine Freiheit zu beschützen.
    – Ich will nun einmal von dem *Mann* nichts wissen,
35 Ich hass ihn, ich verachte seinen Stolz
    Und Übermut – Nach allem Köstlichen
    Streckt er begehrlich seine Hände aus;
    Was seinem Sinn gefällt, will er besitzen.

    Hat die Natur mit Reizen mich geschmückt,
    Mit Geist begabt – warum ist's denn das Los   40
    Des Edeln in der Welt, dass es allein
    Des Jägers wilde Jagd nur reizt, wenn das Gemeine
    In seinem Unwert ruhig sich verbirgt?
    Muss denn die Schönheit eine Beute sein
    Für *einen*? Sie ist frei, so wie die Sonne,   45
    Die allbeglückend herrliche am Himmel,
    Der Quell des Lichts, die Freude aller Augen,
    Doch keines Sklavin und Leibeigentum.
KALAF.
    So hoher Sinn, so seltner Geistesadel   50
    In dieser göttlichen Gestalt! Wer darf
    Den Jüngling schelten, der sein Leben
    Für solchen Kampfpreis freudig setzt! – Wagt doch
    Der Kaufmann, um geringe Güter, Schiff
    Und Mannschaft an ein wildes Element,   55
    Es jagt der Held dem Schattenbild des Ruhms
    Durchs blut'ge Feld des Todes nach – Und nur
    Die Schönheit wär gefahrlos zu erwerben,
    Die aller Götter Erstes, Höchstes ist?
    Ich also zeih Euch keiner Grausamkeit,   60
    Doch nennt auch Ihr den Jüngling nicht verwegen
    Und hasst ihn nicht, weil er mit glühnder Seele
    Nach dem Unschätzbaren zu streben wagt!
    Ihr selber habt ihm seinen Preis gesetzt,
    Womit es zu erkaufen ist – die Schranken   65
    Sind offen für den Würdigen – Ich bin
    Ein Prinz, ich hab ein Leben dran zu wagen.
    Kein Leben zwar des Glücks, doch ist's mein Alles,
    Und hätt ich's tausendmal, ich gäb es hin. […]
TURANDOT.   70
    Nein, Turandot! Du musst dich selbst besiegen.
    – Verwegener, wohlan! Macht Euch bereit!
ALTOUM.
    Prinz, Ihr beharrt noch?
KALAF.   75
                Sire! Ich wiederhol es:
    Tod oder Turandot!
ALTOUM.
                So lese man
    Das blutige Mandat. Er hör's und zittre!   80

¹ **Diwan:** Thronsaal

Fortsetzung auf Seite 64

Fortsetzung von Seite 63   **Turandot, Prinzessin von China**

PANTALON.
Es kann sich jeder Prinz um Turandot bewerben,
Doch erst drei Rätsel legt die Königin ihm vor.
Löst er sie nicht, muss er vom Beile sterben,
85 Und schaugetragen wird sein Haupt auf Pekings Tor.
Löst er die Rätsel auf, hat er die Braut gewonnen.
So lautet das Gesetz. Wir schwören's bei der Sonnen.

90 ALTOUM *(hebt die rechte Hand empor und legt sie auf das Buch).*
O Blutgesetz! du meine Qual und Pein!
Ich schwör's bei Fohis Haupt, du sollst vollzogen sein.

95 TURANDOT *(in deklamatorischem[2] Ton, aufstehend).*
Der Baum, auf dem die Kinder
Der Sterblichen verblühn,
Steinalt, nichtsdestominder
Stets wieder jung und grün,
100 Er kehrt auf einer Seite
Die Blätter zu dem Licht,
Doch kohlschwarz ist die zweite
Und sieht die Sonnen nicht.

Er setzet neue Ringe,
105 Sooft er blühet, an;
Das Alter aller Dinge
Zeigt er den Menschen an;
In seine grüne Rinden
Drückt sich ein Name leicht,
110 Der nicht mehr ist zu finden,
Wenn sie verdorrt und bleicht.
So sprich, kannst du's ergründen,
Was diesem Baume gleicht?
(Sie setzt sich wieder.)

115 KALAF *(nachdem er eine Zeit lang nachdenkend in die Höhe gesehn, verbeugt er sich gegen die Prinzessin).*
Zu glücklich, Königin, ist Euer Sklav',
Wenn keine dunklern Rätsel auf ihn warten.
Dieser alte Baum, der immer sich erneut,
120 Auf dem die Menschen wachsen und verblühen,
Und dessen Blätter auf der *einen* Seite
Die Sonne suchen, auf der andern fliehen,
In dessen Rinde sich so mancher Name schreibt,
Der nur, solang sie grün ist, bleibt:
125 – Er ist – das *Jahr* mit seinen Tagen und Nächten.
PANTALON *(freudig).* Tartaglia! Getroffen!
TARTAGLIA. Auf ein Haar!
DOKTOREN *(erbrechen ihre Zettel).*
Optime! Optime! Optime! das Jahr,
130 Das Jahr, das Jahr, es ist das Jahr.
(Musik fällt ein.)
ALTOUM *(freudig).*
Der Götter Gnade sei mit dir, mein Sohn,
Und helfe dir auch durch die andern Rätsel!
135 TURANDOT *(entrüstet vor sich).*

2 deklamatorisch: kunstgerechter Vortrag einer Dichtung

Er sollt siegen? Mir den Ruhm entreißen?
Nein, bei den Göttern!
(Zu Kalaf.) Selbstzufriedner Tor!
Frohlocke nicht zu früh! Merk auf und löse!
(Steht wieder auf und fährt in deklamatorischem Tone 140 fort.)
Kennst du das Bild auf zartem Grunde?
Es gibt sich selber Licht und Glanz,
Ein andres ist's zu jeder Stunde,
Und immer ist es frisch und ganz. 145
Im engsten Raum ist's angeführt,
Der kleinste Rahmen fasst es ein,
Doch alle Größe, die dich rühret,
Kennst du durch dieses Bild allein.

Und kannst du den Kristall mir nennen? 150
Ihm gleicht an Wert kein Edelstein,
Er leuchtet, ohne je zu brennen,
Das ganze Weltall saugt er ein,
Der Himmel selbst ist abgemalet
In seinem wundervollen Ring. 155
Und doch ist, was er von sich strahlet,
Oft schöner, als was er empfing.

KALAF *(nach einem kurzen Nachdenken sich gegen die Prinzessin verbeugend).*
Zürnt nicht, erhabne Schöne, dass ich mich 160
Erdreiste, Eure Rätsel aufzulösen.
– Dies zarte Bild, das, in den kleinsten Rahmen
Gefasst, das Unermessliche uns zeigt,
Und der Kristall, in dem dies Bild sich malt
Und der noch Schönres von sich strahlt – 165
Er ist – das *Aug'*, in das die Welt sich drückt,
Dein Auge ist's, wenn es mir Liebe blickt.
PANTALON *(springt freudig auf).*
Tartaglia! Mein Seel! Ins schwarze Fleck
Geschossen. 170
TARTAGLIA. Mitten hinein, so wahr ich lebe!
DOKTOREN *(haben die Zettel eröffnet).*
Optime! Optime! Optime! Das Auge, das Auge,
Es ist das Auge.
(Musik fällt ein.) 175
ALTOUM.
Welch unverhofftes Glück! Ihr güt'gen Götter!
O lasst ihn auch das letzte Ziel noch treffen! [...]
TURANDOT *(steht auf in heftigem Zorn).* Eh soll
Die Welt zu Grunde gehen! Verwegner, wisse! 180
Ich hasse dich nur desto mehr, je mehr
Du hoffst, mich zu besiegen, zu besitzen.
Erwarte nicht das letzte Rätsel! Flieh!
Weich aus dem Diwan! Rette deine Seele!
KALAF. Nur Euer Hass ist's, angebetete 185
Prinzessin, was mich schreckt und ängstiget.
Dies unglückseľ'ge Haupt sink in den Staub,
Wenn es nicht wert war, Euer Herz zu rühren.
ALTOUM. Steh ab, geliebter Sohn. Versuche nicht
Die Götter, die dir zweimal günstig waren. 190
Jetzt kannst du dein gerettet Leben noch,
Gekrönt mit Ehre, aus dem Diwan tragen.

Fortsetzung von Seite 64 — **Turandot, Prinzessin von China**

Nichts helfen dir zwei Siege, wenn der dritte
Dir, der entscheidende, misslingt – je näher
195 Dem Gipfel, desto schwerer ist der Fall.
– Und du – lass es genug sein, meine Tochter,
Steh ab, ihm neue Rätsel vorzulegen.
Er hat geleistet, was kein andrer Prinz
Vor ihm. Gib ihm die Hand, er ist sie wert,
200 Und endige die Proben.
TURANDOT.   Ihm die Hand?
Die Proben ihm erlassen? Nein, *drei* Rätsel,
Sagt das Gesetz. Es habe seinen Lauf.
KALAF. Es habe seinen Lauf. Mein Schicksal liegt
205 In Götterhand. Tod oder Turandot!
TURANDOT. Tod also! Tod! Hörst du's?
(Sie steht auf und fährt auf die vorige Art zu deklamieren fort.)
Wie heißt das Ding, das wen'ge schätzen,
210 Doch ziert's des größten Kaisers Hand
Es ist gemacht, um zu verletzen,
Am nächsten ist's dem Schwert verwandt.
Kein Blut vergießt's und macht doch tausend
    Wunden,
215 Niemand beraubt's und macht doch reich,
Es hat den Erdkreis überwunden,
Es macht das Leben sanft und gleich.
Die größten Reiche hat's gegründet,
Die ältesten Städte hat's erbaut,
220 Doch niemals hat es Krieg entzündet,
Und Heil dem Volk, das ihm vertraut.
Fremdling, kannst du das Ding nicht raten,
So weich aus diesen blühenden Staaten!
(Mit den letzten Worten reißt sie sich den Schleier ab.)
225 Sieh her und bleibe deiner Sinne Meister!
Stirb oder nenne mir das Ding!
KALAF *(außer sich, hält die Hand vor die Augen).*
O Himmelsglanz! O Schönheit, die mich blendet!
ALTOUM. Gott, er verwirrt sich, er ist außer sich.
230 Fass dich, mein Sohn! O sammle deine Sinne! […]

PANTALON *(zu Kalaf).*
Um Gottes willen! Nicht den Kopf verloren.
Nehmt Euch zusammen. Herz gefasst, mein Prinz!
O weh, o weh! Ich fürcht, er ist geliefert.
TARTAGLIA *(gravitätisch vor sich).* 235
Ließ es die Würde zu, wir gingen selbst zur Küche
Nach einem Essigglas.
TURANDOT *(hat den Prinzen, der noch immer außer Fassung dasteht, unverwandt betrachtet).*
                          Unglücklicher! 240
Du wolltest dein Verderben. Hab es nun!
KALAF *(hat sich gefasst und verbeugt sich mit einem ruhigen Lächeln gegen Turandot).*
Nur Eure Schönheit, himmlische Prinzessin,
Die mich auf einmal überraschend, blendend 245
Umleuchtete, hat mir auf Augenblicke
Den Sinn geraubt. Ich bin nicht überwunden.
Dies Ding von Eisen, das nur wen'ge schätzen,
Das Chinas Kaiser selbst in seiner Hand
Zu Ehren bringt am ersten Tag des Jahrs, 250
Dies Werkzeug, das, unschuld'ger als das Schwert,
Dem frommen Fleiß den Erdkreis unterworfen –
Wer träte aus den öden wüsten Steppen
Der Tartarei, wo nur der Jäger schwärmt,
Der Hirte weidet, in *dies* blühende Land 255
Und sähe rings die Staatsgefilde grünen
Und hundert volkbelebte Städte steigen,
Von friedlichen Gesetzen still beglückt,
Und ehrte nicht das köstliche Geräte,
Das allen diesen Segen schuf – den *Pflug*? 260
PANTALON. O sei gebenedeit! Lass dich umhalsen.
Ich halte mich nicht mehr für Freud' und Jubel.
TARTAGLIA. Gott segne Eure Majestät. Es ist
Vorbei und aller Jammer hat ein Ende.
DOKTOREN *(haben die Zettel geöffnet).* 265
Der Pflug! Der Pflug! Es ist der Pflug!
(Alle Instrumente fallen ein mit großem Geräusch. Turandot ist auf ihrem Thron in Ohnmacht gesunken.)

Aufgaben

1. Was hält Turandot von Männern im Allgemeinen? Beantworte die Frage mit Hilfe von Textstellen.
2. Was empfindet Turandot für den Prinzen Kalaf? Begründe deine Meinung.
3. Tragt die Szene mit verteilten Rollen vor. Achtet dabei auf die Regieanweisungen Schillers.
4. Erfinde selbst ein Rätselgedicht und stelle damit deine Nachbarin oder deinen Nachbarn auf die Probe.

Wilhelm Tell – nacherzählt

Barbara Kindermann hat Schillers Drama um den Freiheitshelden „Wilhelm Tell" für Kinder nacherzählt.

[…] Wie geheimnisvoll das Rütli in dieser Nacht wirkte! Wie verschwörerisch die hohen Felsen die Bergwiese überragten und wie geisterhaft der dunkle Wald den Platz umgab! Aus allen Richtungen näherten sich Lichterzüge dem Treffpunkt. Auf den schattigen Felsen stiegen Fackelzüge die
5 steilen Pfade hinab. Boote mit Feuerlichtern steuerten auf dem schwarzblauen See auf das Rütli zu. Die weißen Gletscher leuchteten im Mondlicht. […]
Schweigend rammten die Männer ihre Schwerter in den Boden und bildeten einen Ring um das Feuer. […]
10 „Wir drei Völker aus Uri, Schwyz und Unterwalden haben uns hier versammelt", erhob Stauffacher seine Stimme, „um ein uraltes Bündnis aus unserer Väter Zeit zu erneuern. Ob uns der See, ob uns die Berge trennen, wir sind doch ein Volk!"
Da reichten sich alle die Hände und sprachen im Chor: „Wir sind ein
15 Volk und einig wollen wir handeln."
„Wir, der Stamm der alten Schweizer, haben uns stets die Freiheit bewahrt", fuhr Stauffacher fort. „Wir beugen unsere Knie nicht vor fremden Fürsten. Uns gehört der Boden durch tausendjährigen Besitz. Und jetzt sollen Vögte[1] kommen und uns Ketten schmieden? Auf unserer ei-
20 genen Erde? Nein! Wir verteidigen unser Land, wir beschützen unsere Frauen, unsere Kinder!"
Da griffen alle an ihre Schwerter, hoben die rechte Hand und gelobten: „Wir verteidigen unser Land, wir beschützen unsere Frauen, unsere Kinder!"
25 Die ganze Nacht über berieten die Männer und nach mehreren Stunden fassten sie folgenden Plan: Am Weihnachtstag sollten die Burgen gestürmt und die Feinde vertrieben werden. Zum Zeichen des Sieges würden auf allen Bergen Höhenfeuer angezündet. […]
Bei Wilhelm Tell zu Hause ging der Alltag derweil weiter wie gewohnt.
30 Seine Frau Hedwig arbeitete in der Küche, während die Kinder Walter und Wilhelm draußen herumtobten und mit ihrer hölzernen Armbrust spielten.

Tell befestigte gerade mit seiner Zimmeraxt das Gartentor, als Walter angesprungen kam und rief: „Vater, der Strang der Armbrust ist kaputt!
35 Mach ihn mir wieder ganz!"
„Nicht ich", entgegnete Tell milde, „ein rechter Schütze hilft sich selbst."
Murrend trollte sich der Knabe von dannen. Hedwig, die eben aus dem Haus getreten war, sagte nachdenklich: „Die Kinder fangen zeitig an zu schießen."
40 Tell sah sie an und entgegnete ruhig: „Früh übt sich, was ein Meister werden will."
„Ach", seufzte seine Frau, „ich wünschte, sie lernten es nie!"
„Sie sollen alles lernen", gab Tell fest zur Antwort, „wer gut durchs Leben kommen will, muss möglichst alles können."
45 Damit legte er sein Werkzeug aus der Hand und meinte zufrieden: „Jetzt hält das Tor auf Jahr und Tag. Die Axt im Haus erspart den Zimmermann."
Er nahm seinen Hut und Hedwig fragte überrascht: „Wo gehst du hin?"
„Nach Altdorf zum Vater", antwortete Tell.

1 **Vogt:** Verwalter

Fortsetzung auf Seite 67

Wilhelm Tell – nacherzählt

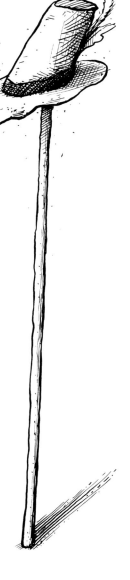

50 „Hast du etwas Gefährliches vor?", wollte Hedwig ängstlich wissen. „Ich habe gehört, es braut sich etwas gegen die Vögte zusammen. Auf dem Rütli wurde getagt …"
„Ich war nicht dabei", sagte Tell gelassen und griff nach seiner Armbrust und den Pfeilen.
55 Erschrocken fiel ihm Hedwig in den Arm. „Was willst du mit der Armbrust? Sprich! Lass sie hier!"
„Ohne Waffe fühle ich mich, als fehlte mir der Arm", erwiderte Tell.
Walter kam angerannt und rief fragend: „Vater, wo gehst du hin?"
„Zum Großvater nach Altdorf", antwortete Tell, „willst du mit?"
60 „Ja, freilich will ich", strahlte der Knabe. […]

In Altdorf verbeugt Tell sich nicht vor dem Hut des Vogtes.
Ein Wachposten nimmt ihn deshalb fest.

Wenige Augenblicke später ritt Gessler mit großem Gefolge auf den Platz, seinen Falken auf der Faust. […]
65 Gessler brachte sein Pferd zum Stehen und fragte den Wachmann, der Tell gefangen hielt, streng: „Wieso läuft das Volk zusammen? Wer bist du und warum hältst du diesen Mann?"
„Gestrenger Herr", antwortete der Wachsoldat unterwürfig, „ich bin dein Waffenknecht und beauftragter Wächter bei dem Hut. Dieser Mann
70 hat Euren Befehl missachtet und sich nicht vor dem Hut verbeugt. Als ich ihn abführen wollte, versuchte das Volk mich mit Gewalt daran zu hindern."
Gessler musterte Tell: „Wer bist du, dass du mich so verachtest und nicht gehorchst?"
75 „Ich bin der Tell, lieber Herr", entgegnete dieser. „Bitte verzeiht mir, es war nicht Verachtung oder Ungehorsam, ich war nur gedankenlos, es wird nicht wieder vorkommen."
„Du bist der Tell?", fragte Gessler überrascht, „ich hörte, du seist ein Meister auf der Armbrust."
80 Da drängelte sich Walter vor und rief stolz: „Das ist wahr, Herr! Den Apfel schießt der Vater dir vom Baum auf hundert Schritte!"
„Ist das dein Sohn, Tell?", wollte Gessler wissen.
„Ja, lieber Herr."
„Hast du noch mehr Kinder?", hakte Gessler nach.
85 „Ja, Herr", antwortete Tell, „ich habe zwei Knaben."
„Und welcher ist es, den du am meisten liebst?"
„Herr, beide sind mir gleich liebe Kinder", erwiderte Tell verblüfft.
Da pflückte Gessler einen Apfel von einem Baumzweig, der über ihm hing, und sagte gebieterisch: „Nun, Tell, beweise deine Kunst. Du wirst
90 diesen Apfel vom Kopf deines Knaben schießen. Doch ziele gut, wenn du verfehlst, ist euer beider Leben verloren."
Ungläubig rief Tell: „Herr, welch Ungeheures kommt Euch in den Sinn! Mit meiner Armbrust soll ich auf mein eigenes Kind zielen? Eher sterbe ich!"
95 „Du wirst den Apfel vom Kopf deines Sohnes schießen, ich will es!", befahl Gessler barsch. Und das Volk herrschte er an: „Macht Platz! Öffnet eine Gasse! Achtzig Schritte gebe ich ihm, nicht mehr und nicht weniger!" […]
Gessler zeigte auf die Linde und befahl: „Man binde ihn an diesen Baum
100 dort!"

Fortsetzung von Seite 67

Wilhelm Tell – nacherzählt

„Mich anbinden?", empörte sich Walter, „nein, ich will nicht angebunden sein! Ich will stillhalten wie ein Lamm und auch nicht atmen."

„Die Augen lass dir nur verbinden, Knabe", riet einer aus dem Volk.

„Warum die Augen?", fragte Walter verwundert, „denkt Ihr, ich fürchte den Pfeil von Vaters Hand? Ich will ihn fest erwarten und nicht mit der Wimper zucken. Frisch, Vater, zeig ihm, dass du der beste Schütze bist: Schieß und triff!"

Stolz marschierte er zur Linde, wo ihm der Apfel auf den Kopf gelegt wurde.

Tell spannte die Armbrust, legte einen Pfeil ein und zielte. Doch dann ließ er die Waffe wieder sinken. Unversehens drehte er sich zu Gessler, riss sich das Hemd auf und flehte: „Herr Landvogt, hier ist mein Herz, erlasst mir den Schuss!"

„Ich will nicht dein Leben, Tell, ich will den Schuss", erwiderte Gessler kalt.

Da griff Tell plötzlich nach einem zweiten Pfeil und steckte ihn zu sich. Erneut hob er seine Armbrust. Über dem Platz lag eine unheimliche Spannung. Alles hielt den Atem an, als Tell zielte – dann drückte er ab.

„Der Apfel ist gefallen! Der Knabe lebt!", rief Stauffacher erlöst.

Das Volk begann zu jubeln. Walter rannte mit dem Apfel auf Tell zu und jauchzte: „Vater! Ich wusste ja, dass du mich nicht verletzen würdest!"

Während Tell ihn inbrünstig umarmte, musterte Gessler den Apfel und staunte: „Bei Gott! Der Apfel ist mitten durchgeschossen! Das war ein Meisterschuss."

Forschend sah er Tell an: „Du stecktest noch einen zweiten Pfeil zu dir, ich sah es wohl. Was meintest du damit?"

Tell senkte den Kopf und antwortete: „Herr, das ist so üblich bei den Schützen."

„Nein, Tell", widersprach Gessler, „die Antwort lasse ich dir nicht gelten. Sag mir die Wahrheit, los, was es auch sei, dein Leben sichere ich dir zu."

„Wohlan", gab Tell sich einen Ruck und sah den Landvogt mit einem furchtbaren Blick an: „Mit diesem zweiten Pfeil durchschoss ich Euch, wenn ich mein liebes Kind getroffen hätte. Und Euch hätte ich ganz sicher nicht verfehlt."

Gessler zuckte zusammen. Dann sagte er langsam: „Dein Leben habe ich dir zugesichert, das will ich halten. Doch lass ich dich in den tiefsten Kerker werfen, damit ich vor deinen Pfeilen sicher bin. Fesselt ihn!"

Im Volk brach Empörung aus. […]

Auf dem Weg zum Kerker gelingt Tell die Flucht. Bei Küssnacht, an der berühmten „hohlen Gasse", lauert er dem Vogt auf und tötet ihn mit einem Schuss von seiner Armbrust.

Mit Tells Meisterschuss und Gesslers Tod war die neue Freiheit jedoch erst eingeleitet. Nun galt es, sie zu sichern. Es gab keinen Grund mehr, bis Weihnachten mit dem Sturm auf die Burgen der verhassten Landvögte zu warten. Die durch den Rütli-Schwur Verbündeten kämpften für ihr Land und vertrieben die Gewaltherrscher. Feuersignale auf den Bergen und Glockengeläute in den Städten verkündeten bald schon den Sieg der Schweizer.

Fortsetzung von Seite 68 **Wilhelm Tell – nacherzählt**

Aufgaben

1. Der Rütli-Schwur hat am 1. August 1291 stattgefunden.
   Erkläre, warum der 1. August heute der Nationalfeiertag der Schweizer ist.
   a) Lies noch einmal die Zeilen 1–29.
   b) Schreibe dann deine Erklärung auf.

2. Schreibe eine Ferienpostkarte aus der Schweiz. Erkläre kurz, wer Wilhelm Tell ist.

3. Gestalte nun eine passende Vorderseite für deine Postkarte. Begründe deine Gestaltung.

4. Tragt die Apfelschuss-Szene (Zeile 61–138) mit verteilten Rollen vor.

Fortsetzung auf Seite 70

Fortsetzung von Seite 69 **Wilhelm Tell – nacherzählt**

5. Erzähle den „Wilhelm Tell" noch einmal als Sage. Der Rütli-Schwur und der Apfelschuss sollen dabei im Mittelpunkt stehen.
   Setze den Anfang fort.

In den Alpentälern rund um den Vierwaldstätter See lebten die Bewohner von Schwyz, Uri und Unterwalden ruhig und friedlich. Doch im Jahre 1291 besetzten die Habsburger das Land. Sie stellten einen Verwalter ab, Gessler, der bei allen verhasst war ...

Wilhelm Tell im Labyrinth

Aufgaben

1. In diesem Buchstabenlabyrinth verstecken sich acht berühmte Tellzitate. Die Anfänge sind markiert. Wer kann die Zitate lesen, ohne zu stocken oder mit den Fingern nachzuhelfen?

2. Schreibe die Zitate ab.
   Denke über die Bedeutung der Zitate nach.

Der Verbrecher aus verlorener Ehre – Entscheide mit!

„In der ganzen Geschichte der Menschheit ist kein Kapitel unterrichtender für Herz und Geist als die Annalen (Geschichte) der Verirrungen." Das ist der erste Satz der Erzählung „Der Verbrecher aus verlorener Ehre". Schiller will damit etwas ganz Einfaches sagen: Man sollte Verfehlungen und Verbrechen nicht nur verurteilen, sondern auch aus ihnen lernen. Zum Beispiel können wir die Frage nach der Ursache eines Verbrechens stellen. Warum wird ein Mensch schuldig? Welche Bedingungen müssen zusammenkommen, damit jemand zum Verbrecher wird?

Entscheide mit!

Hallo, hier sind wir wieder! Ich begrüße euch alle herzlich zu der Sendung „Entscheide mit!" Heute haben wir einen besonders interessanten Fall aus dem 18. Jahrhundert. Ein Mensch wird zum Verbrecher, er tötet einen anderen Menschen. Sicher fragst du dich sofort, wie kam das, warum hat er so eine schreckliche Tat begangen? Bestimmt wirst du sagen: Er ist schuldig. Aber bevor du
5 dein Urteil sprichst, hör zuerst zu.

Christian Wolf, so heißt unser Angeklagter, war der Sohn eines Gastwirtes. Sein Vater war tot, sodass er der Mutter in der Wirtschaft helfen musste. Das Geschäft lief schlecht und Wolf langweilte sich oft. In der Schule fiel er durch freches Benehmen auf.

Er war von hässlicher Gestalt. In einem alten Bericht wird er folgendermaßen beschrieben:
10 „[e]ine kleine unscheinbare Figur, krauses Haar von unangenehmer Schwärze, eine platt gedrückte Nase und eine geschwollene Oberlippe, die durch den Schlag eines Pferdes aus ihrer Richtung gewichen war". Alle Frauen schreckten vor ihm zurück und die Männer machten ihre Witze über ihn.

Aber Wolf wollte gefallen und wollte geliebt werden. Das Mädchen Johanne, in das er sich ver-
15 liebt hatte, behandelte andere Männer besser als ihn. Doch Johanne war arm und so hoffte Christian, das Herz des Mädchens durch Geschenke zu gewinnen. Aber da er selber nicht viel besaß, bequem und zu unwissend war, um diesen Zustand auf ehrliche Weise zu verändern, kam er auf die Idee zu stehlen. Er wurde zum Wilddieb. Doch seine Beute behielt er nicht für sich, sondern schenkte alles Johanne.
20 Als Christian von dem Jäger Robert auf frischer Tat ertappt und anschließend zu einer Geldstrafe verurteilt wurde, wendete Johanne sich Robert zu. Von nun ging es mit Christian unaufhörlich abwärts. Stolz, Eifersucht und Hunger führten zu weiteren Verfehlungen, die ihm eine Zuchthaus- und schließlich sogar eine dreijährige Festungsstrafe einbrachten. Er verließ die Festung als „Lotterbube", wie er sich selbst bezeichnete. Ein Leben als Außenseiter begann, das
25 nur ein Ziel hatte: Rache. Alle Menschen mieden ihn und bezeichneten ihn als Taugenichts, er hatte niemanden mehr, denn auch seine Mutter war inzwischen tot. Vergeblich bemühte er sich um Arbeit. Er suchte noch einmal Johanne auf, die ihn aber erneut abwies. Daraufhin tötete Christian Robert. Als Christian gefasst wurde, sagte er, dass er leben möchte, um seine Verbrechen wieder gutzumachen.

Aufgaben

1. Markiere im Text die wichtigsten Ereignisse in Christians Leben.

2. Wie würdest du entscheiden?
   Ist Christian schuldig oder ist er ein unschuldiges Opfer schlechter Umstände? Diskutiert in der Klasse.

Fortsetzung auf Seite 73

Fortsetzung von Seite 72   **Der Verbrecher aus verlorener Ehre – Entscheide mit!**

Aufgaben

3. Schreibe die drei Schlussworte vor Gericht. Wenn der Platz nicht reicht, schreibe auf der Rückseite weiter.
   – Der Ankläger führt die Verbrechen Christians auf und fordert eine bestimmte Strafe.
   – Der Verteidiger fordert eine niedrigere Strafe als der Ankläger und begründet, warum.
   – Der Richter trifft eine Entscheidung und begründet sie.
4. Spielt die Szene vor Gericht.

Eine großmütige Handlung

Eine großmütige Handlung

[…] Gegenwärtige Anekdote von zween Teutschen – mit stolzer Freude schreib ich das nieder – hat ein unabstreitbares Verdienst – sie ist *wahr*. […]

Zwei Brüder, Baronen von Wrmb., hatten sich beide in ein junges vortreffliches Fräulein von Wrthr. verliebt, ohne dass der eine um des andern Leidenschaft wusste. Beider Liebe war zärtlich und stark, weil sie die erste war. Das Fräulein war schön und zur Empfindung geschaffen. Beide ließen ihre Neigung zur ganzen Leidenschaft aufwachsen, weil keiner die Gefahr kannte, die für sein Herz die schrecklichste war – seinen Bruder zum Nebenbuhler zu haben. Beide verschonten das Mädchen mit einem frühen Geständnis, und so hintergingen sich beide, bis ein unerwartetes Begegnis ihrer Empfindungen das ganze Geheimnis entdeckte. […]

Das Fräulein, voll Gefühl für die traurige Lage dieser beiden Unglücklichen, wagte es nicht, ausschließend für einen zu entscheiden, und unterwarf ihre Neigung dem Urteil der brüderlichen Liebe.

Sieger in diesem zweifelhaften Kampf der Pflicht und Empfindungen, den unsre Philosophen so allzeit fertig entscheiden und der praktische Mensch so langsam unternimmt, sagte der ältere Bruder zum jüngern: „Ich weiß, dass du mein Mädchen liebst, feurig wie ich. Ich will nicht fragen, für wen ein älteres Recht entscheidet. – Bleibe du hier, ich suche die weite Welt, ich will streben, dass ich sie vergesse. Kann ich das – Bruder!, dann ist sie dein, und der Himmel segne deine Liebe! – Kann ich es nicht – nun dann, so geh auch du hin – und tu ein Gleiches."

Er verließ gählings Teutschland und eilte nach Holland – aber das Bild seines Mädchens eilte ihm nach. […] Er erreichte verzweifelnd Amsterdam, dort warf ihn ein hitziges Fieber auf ein gefährliches Lager. Das Bild seiner Einzigen herrschte in seinen wahnsinnigen Träumen, seine Genesung hing an ihrem Besitze. Die Ärzte zweifelten für sein Leben, nur die Versicherung, ihn seiner Geliebten wiederzugeben, riss ihn mühsam aus den Armen des Todes. Halb verwest, ein wandelndes Gerippe, das erschröcklichste Bild des zehrenden Kummers, kam er in seiner Vaterstadt an – schwindelte er über die Treppe seiner Geliebten, seines Bruders. „Bruder, hier bin ich wieder. Was ich meinem Herzen zumutete, weiß *Der* im Himmel. – Mehr kann ich nicht." Ohnmächtig sank er in die Arme des Fräuleins.

Der jüngere Bruder war nicht minder entschlossen. In wenigen Wochen stand er reisefertig da: „Bruder, du trugst deinen Schmerz bis nach Holland. – Ich will versuchen, ihn weiter zu tragen. Führe sie nicht zum Altar, bis ich dir weiter schreibe. Nur *diese* Bedingung erlaubt sich die brüderliche Liebe. Bin ich glücklicher als du – in Gottes Namen, so sei sie dein, und der Himmel segne eure Liebe. Bin ich es nicht – nun dann, so möge der Himmel weiter über uns richten! Lebe wohl. Behalte dieses versiegelte Päckchen, erbrich es nicht, bis ich von hinnen bin. – Ich geh nach Batavia[1]." – Hier sprang er in den Wagen.

Halb entseelt starrten ihm die Hinterbleibenden nach. Er hatte den Bruder an Edelmut übertroffen. Am Herzen dieses zerrten beide, Liebe und Verlust des edelsten Manns. Das Geräusch des fliehenden Wagens durchdonnerte sein Herz. Man besorgte für sein Leben. Das Fräulein – doch nein! Davon wird das Ende reden.

Man erbrach das Paket. Es war eine vollgültige Verschreibung aller seiner teutschen Besitzungen, die der Bruder erheben sollte, wenn es dem Fliehenden in Batavia glückte. […]

Wenige Wochen, so übersandte er dem Bruder folgende Zeilen: „Hier, wo ich Gott dem Allmächtigen danke, hier auf der neuen Erde denk ich *deiner* und unsrer Lieben mit aller Wonne eines Märtyrers. […] *Dein ist das Fräulein*. Bruder, ich habe sie nicht besitzen sollen, das heißt, sie wäre mit mir nicht glücklich gewesen. Wenn ihr je der Gedanke käme – sie wäre es mit mir gewesen – Bruder! Bruder! Schwer wälze ich sie auf deine Seele. Vergiss nicht, wie schwer sie dir erworben werden musste. – Behandle den Engel immer, wie es itzt deine junge Liebe dich lehrt. – Behandle sie als ein teures Vermächtnis eines Bruders, den deine Arme nimmer umstricken werden. Lebe wohl. Schreibe mir nicht, wenn du deine Brautnacht feierst. Meine Wunde blutet noch immer. Schreibe mir, wie glücklich du bist. – Meine Tat ist mir Bürge, dass auch mich Gott in der fremden Welt nicht verlassen wird."

Die Vermählung wurde vollzogen. *Ein Jahr* dauerte die seligste der Ehen. – Dann starb die Frau. Sterbend erst bekannte sie ihrer Vertrautesten das unglückseligste Geheimnis ihres Busens: Sie hatte den Entflohenen stärker geliebt.

Beide Brüder leben noch wirklich. Der ältere auf seinen Gütern in Teutschland, aufs Neue vermählt. Der jüngere blieb in Batavia und gediehe zum glücklichen, glänzenden Mann. Er tat ein Gelübde, niemals zu heiraten, und hat es gehalten.

---

1 **Batavia**: heute Djakarta, Hauptstadt der Republik Indonesien

Fortsetzung von Seite 74

Eine großmütige Handlung

Aufgaben

1. Vervollständige den Text.
   In dem Kästchen rechts findest du Wörter und Wortgruppen, die dir dabei helfen.

   Zwei _____ verlieben sich in dasselbe _____.
   Um herauszufinden, wessen Lieben stärker ist, vereinbaren die Brüder
   _____ in die Welt hinauszuziehen. Der Ältere
   _____, er reist _____ und
   _____. Als er halb tot zurückkehrt, schifft sich
   _____ nach _____ ein. Nach wenigen Wochen
   schreibt er einen Brief, in dem er auf _____ und
   seinem Bruder _____.
   Das Fräulein und der ältere Bruder heiraten. Ein Jahr später liegt die Frau im
   Sterben. Einer Freundin gesteht sie, dass sie den _____
   stärker geliebt hat.

   | alles Gute wünscht; |
   | der jüngere; |
   | nach Holland; |
   | Fräulein; |
   | seine Liebe verzichtet; |
   | Brüder; |
   | geht als Erster; |
   | geflohenen Bruder; |
   | Batavia; |
   | einer nach dem anderen; |
   | erkrankt dort schwer |

2. „Sterbend erst bekennt sie ihrer Vertrautesten das unglückseligste Geheimnis ihres Busens."
   Versetze dich in die Frau und schreibe ihr Bekenntnis auf.
3. Der jüngere Bruder erklärt seinem Patenkind, warum er nie geheiratet hat.
   Schreibe seine Erklärung auf.
4. Erzähle die „großmütige Handlung" als Trivialroman.
   Hier ein paar wichtige Zutaten:

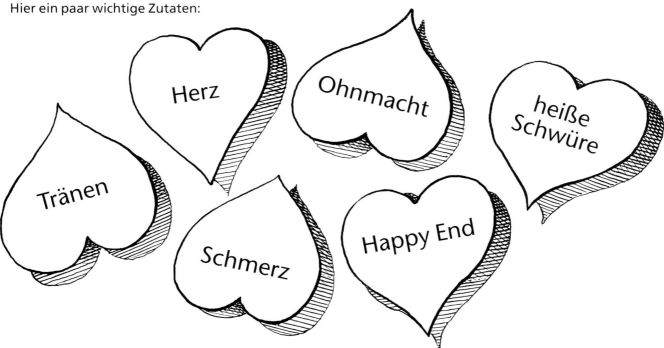

Die Teilung der Erde

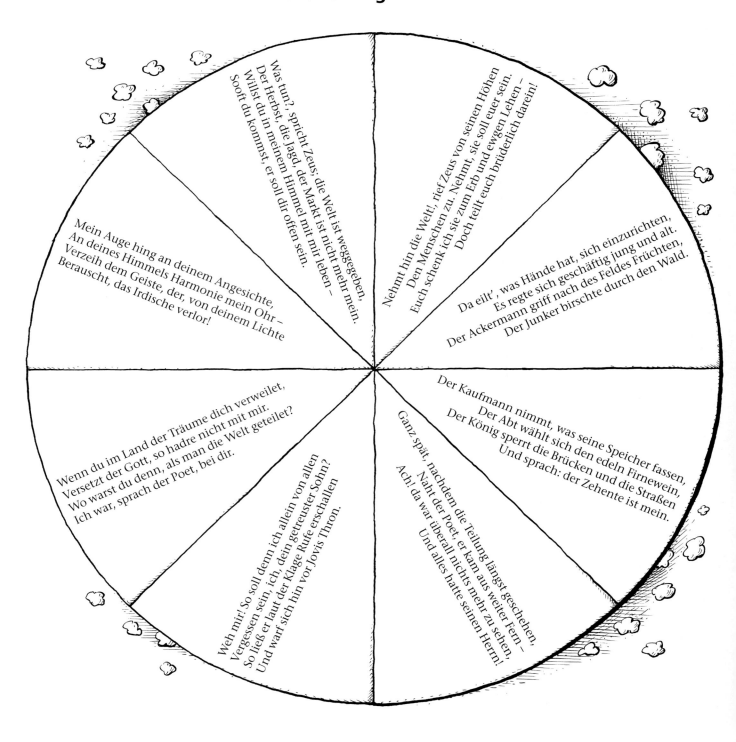

Aufgaben

1. Wer bekommt was?
   Schreibe auf, was der Bauer, der Adlige (Junker), der Abt, der Kaufmann und der König erhalten.
2. Warum geht der Poet bei der Verteilung der Erde leer aus?
   Begründe deine Meinung.
3. Am Ende erhält der Poet ein Stück Himmel. Was bedeutet das?
   Erkläre, was du dir unter diesem „Himmel" vorstellst.

Lösungen

S. 6, Schattenriss

S. 7, Ein Schillerquiz

Der Fischer
einen Apfel
versöhnlich
ein Sänger
Götz von Berlichingen
in Köln
im Magen eines Fisches
mit einer Armbrust
die Kraniche
im Löwengarten
einen Dolch

S. 8, Rätselgedichte

1. Rätsel: der Regenbogen
2. Rätsel: die Sonnenuhr und ihr Schatten
3. Rätsel: der Blitz

S. 10, Zitatenquiz

Das Lösungswort lautet *Drama*.

S. 11, Ver-rückte Schillerzitate

1. Spät kommt ihr, doch ihr kommt, der weite Weg entschuldigt euer Säumen.
2. Arbeit ist des Bürgers Zierde, Segen ist der Mühe Preis.
3. Das Leben ist der Güter höchstes nicht, der Übel größtes aber ist die Schuld.
4. Zu Dionys, dem Tyrannen, schlich Damon, den Dolch im Gewande.
5. Rasch tritt der Tod den Menschen an, es ist ihm keine Frist gegeben.
6. Raum ist in der kleinsten Hütte für ein glücklich liebend Paar.
7. Und es gestehn die Bösewichter, getroffen von der Rache Strahl.
8. Wo rohe Kräfte sinnlos walten, kann sich kein Gebild gestalten.
9. Wohltätig ist des Feuers Macht, wenn sie der Mensch bezähmt, bewacht.
10. Errötend folgt er ihren Spuren und ist von ihrem Gruß beglückt.
11. Wer wagt es, Rittersmann oder Knapp, zu tauchen in diesen Schlund?
12. Wenn sich die Völker selbst befrei'n, kann die Wohlfahrt nicht gedeihn.
13. Fest gemauert in der Erden steht die Form, aus Lehm gebrannt.
14. Doch mit des Geschickes Mächten ist kein ew'ger Bund zu flechten.

S. 12, 14 Titel – ein Suchspiel

waagerecht:
1. Die Bürgschaft
2. Maria Stuart
3. Wilhelm Tell
4. Wallensteins Lager
5. Don Carlos
6. Reiterlied
7. Das Lied von der Glocke
8. Kolumbus
9. An die Freude

senkrecht:
10. Wallensteins Tod
11. Die Räuber
12. Der Taucher
13. Die Kraniche des Ibykus
14. Der Ring des Polykrates

S. 30, Schillers Leben auf einen Blick

Friedrich Schiller wird am *10. 11. 1759* in *Marbach am Neckar* geboren und stirbt am *9. 5. 1805* in Weimar. Die Familie zieht 1766 nach Ludwigsburg. 1773 muss Schiller auf Befehl des Herzogs *Karl Eugen* in die *Militärische Pflanzschule* eintreten. Dort nimmt er das Jurastudium auf. Ursprünglich will er Theologie studieren, das bleibt ihm jedoch verwehrt. Er beendet sein Jurastudium nicht, sondern wechselt zur *Medizin* über. Auf diesem Gebiet promoviert er. Noch während seines Studiums schreibt er eines seiner berühmten Dramen: „*Die Räuber*". Da seine persönliche und dichterische Freiheit durch den Herzog sehr eingeschränkt wird, flieht er. Mitte 1783 bekommt Friedrich Schiller endlich die gewünschte feste Anstellung für ein Jahr als Theaterdichter am Mannheimer Nationaltheater. Er verpflichtet sich, jährlich drei *Dramen* zu „liefern". Zwei Jahre später verlässt er die Stadt und kommt über Leipzig und Dresden schließlich nach *Weimar*. 1788 wird er *Professor* für Geschichte in Jena, wohin er schließlich zieht. 1790 heiratet er *Charlotte von Lengefeld*. Obwohl sie sich räumlich schon längere Zeit nah waren, freundet sich Schiller erst 1794 mit *Goethe* an. Sie arbeiten gemeinsam an den Xenien, einer Sammlung von *Epigrammen*.

S. 33, Der Handschuh – im Gespräch

In Zeile 48 hat Schiller das Wort *spottenderweis* gewählt.
In Zeile 60 das Wort *gelassen*.

S. 39, Die Bürgschaft – eine dramatische Szene

… : „Es ist euch gelungen,
Ihr habt das Herz mir bezwungen,
Und die Treue, sie ist doch
          kein leerer Wahn,
So nehmet auch mich
          zum Genossen an,
Ich sei, gewährt mir die Bitte,
In eurem Bunde der Dritte."

S. 52, An die Sonne

Preis dir, die du dorten heraufstrahlst, *Tochter* des Himmels!
Preis dem lieblichen Glanz
Deines *Lächelns,* der alles begrüßet
und alles erfreuet!
Trüb in Schauern und Nacht
Stand begraben die prächtige Schöpfung: *tot* war die Schönheit
Lang dem lechzenden Blick:
Aber *liebevoll* stiegst du früh aus dem rosigen Schoße
Deiner Wolken empor,
Wecktest uns auf die Morgenröte;
und *freundlich*
Schimmert' diese herfür
Über die Berg und verkündete deine süße Hervorkunft.
Schnell begann nun das *Graun*
Sich zu wälzen dahin in ungeheuern Gebürgen.
Dann erschienest du selbst,
Herrliche *du,* und verschwunden waren die neblichte Riesen!
Ach! wie *Liebende* nun

Lange getrennt, liebäugelt der Himmel zur Erden und diese
Lächelt zum Liebling empor;
Und es *küssen* die Wolken am Saume der Höhe die Hügel;
Süßer atmet die Luft;
Alle Fluren baden in deines Angesichts Abglanz
Sich; und es *wirbelt* der Chor
Des Gevögels aus der vergoldeten Grüne der Wälder
Freudenlieder hinauf;
Alle Wesen taumeln wie am Busen der Wonne:
Selig die ganze Natur!
Und dies alles, o Sonn! entquoll deiner himmlischen *Liebe*.
Vater der Heilgen, vergib,
O vergib mir, dass ich auf mein Angesicht falle
Und *anbete* dein Werk! –
Aber nun schwebet sie fort im Zug der Purpurgewölke
Über der Könige Reich,
Über die unabsehbarn Wasser, über das *Weltall*:
Unter ihr werden zu Staub
Alle Thronen, Moder die himmelaufschimmernden Städte;
Ach! die Erde ist selbst
Grabeshügel geworden. Sie aber bleibt in der Höhe,
Lächelt der Mörderin Zeit
Und erfüllet ihr großes Geschäft, erleuchtet die Sphären.
O *besuche* noch lang,
Herrlichstes Fürbild der Edeln, mit mildem, freundlichem Blicke
Unsre Wohnung, bis einst
Vor dem Schelten des Ewigen sinken die *Sterne*,
Und du selbsten erbleichst.

S. 57, Der Jüngling am Bache – Sehnsucht

Der Jüngling am Bache
An der Quelle saß der Knabe,
Blumen wand er sich zum Kranz,
Und er sah sie fortgerissen,
Treiben in der Wellen Tanz: –
„Und so fliehen meine Tage
Wie die Quelle rastlos hin!
Und so bleichet meine Jugend,
Wie die Kränze schnell verblühn.

Fraget nicht, warum ich traure
In des Lebens Blütenzeit!
Alles freuet sich und hoffet,
Wenn der Frühling sich erneut.
Aber diese tausend Stimmen
Der erwachenden Natur
Wecken in dem tiefen Busen
Mir den schweren Kummer nur.

Was soll mir die Freude frommen,
Die der schöne Lenz mir beut?
Eine nur ists, die ich suche,
Sie ist nah und ewig weit.
Sehnend breit ich meine Arme
Nach dem teuren Schattenbild,
Ach, ich kann es nicht erreichen,
Und das Herz bleibt ungestillt!

Komm herab, du schöne Holde,
Und verlass dein stolzes Schloss!
Blumen, die der Lenz geboren,
Streu ich dir in deinen Schoß.
Horch, der Hain erschallt von Liedern
Und die Quelle rieselt klar!
Raum ist in der kleinsten Hütte
Für ein glücklich liebend Paar."

Sehnsucht
Ach, aus dieses Tales Gründen,
Die der kalte Nebel drückt,
Könnt ich doch den Ausgang finden,
Ach wie fühlt ich mich beglückt!
Dort erblick ich schöne Hügel,
Ewig jung und ewig grün!
Hätt ich Schwingen, hätt ich Flügel,
Nach den Hügeln zög ich hin.

Harmonien hör ich klingen,
Töne süßer Himmelsruh,
Und die leichten Winde bringen
Mir der Düfte Balsam zu.
Goldne Früchte seh ich glühen,
Winkend zwischen dunkelm Laub,
Und die Blumen, die dort blühen,
Werden keines Winters Raub.

Ach wie schön muss sichs ergehen
Dort im ewgen Sonnenschein,
Und die Luft auf jenen Höhen,
O wie labend muss sie sein!
Doch mir wehrt des Stromes Toben,
Der ergrimmt dazwischen braust,
Seine Wellen sind gehoben,
Dass die Seele mir ergraust.

Einen Nachen seh ich schwanken,
Aber ach! der Fährmann fehlt.
Frisch hinein und ohne Wanken!
Seine Segel sind beseelt.
Du musst glauben, du musst wagen,
Denn die Götter leihn kein Pfand,
Nur ein Wunder kann dich tragen
In das schöne Wunderland.

S. 58, Der Pilgrim

Noch in meines Lebens Lenze
War ich, und ich wandert aus,
Und der Jugend frohe Tänze
Ließ ich in des Vaters Haus.

All mein Erbteil, meine Habe
Warf ich fröhlich glaubend hin,
Und am leichten Pilgerstabe
Zog ich fort mit Kindersinn.

Denn mich trieb ein mächtig Hoffen
Und ein dunkles Glaubenswort:
„Wandle", riefs, „der Weg ist offen,
Immer nach dem Aufgang fort.

Bis zu einer goldnen Pforten
Du gelangst, da gehst du ein,
Denn das Irdische wird dorten
Himmlisch unvergänglich sein."

Abend wards und wurde Morgen,
Nimmer, nimmer stand ich still,
Aber immer bliebs verborgen,
Was ich suche, was ich will.

Berge lagen mir im Wege,
Ströme hemmten meinen Fuß,
Über Schlünde baut ich Stege,
Brücken durch den wilden Fluss.

Und zu eines Stroms Gestaden
Kam ich, der nach Morgen floss,
Froh vertrauend seinem Faden,
Werf ich mich in seinen Schoß.

Hin zu einem großen Meere
Trieb mich seiner Wellen Spiel,
Vor mir liegts in weiter Leere,
Näher bin ich nicht dem Ziel.

Ach, kein Steg will dahin führen,
Ach, der Himmel über mir
Will die Erde nie berühren,
Und das Dort ist niemals Hier!

S. 75, Eine großmütige Handlung

Zwei *Brüder* verlieben sich in dasselbe *Fräulein*. Um herauszufinden, wessen Liebe stärker ist, vereinbaren die Brüder, *einer nach dem anderen* in die Welt hinauszuziehen. Der Ältere *geht als Erster*, er reist *nach Holland* und *erkrankt dort schwer*. Als er halb tot zurückkehrt, schifft sich *der Jüngere* nach Batavia ein. Nach wenigen Wochen schreibt er einen Brief, in dem er auf *seine Liebe verzichtet* und seinem Bruder *alles Gute wünscht*. Das Fräulein und der ältere Bruder heiraten. Ein Jahr später liegt die Frau im Sterben. Einer Freundin gesteht sie, dass sie den *geflohenen Bruder* stärker geliebt hat.

Bildquellenverzeichnis

S. 6, 16, 22, 77: Schiller-Nationalmuseum, Marbach am Neckar
S. 12: Schiller-Nationalmuseum, Marbach am Neckar
S. 13: Schiller-Nationalmuseum, Marbach am Neckar
S. 14, 27: Corel Bilddatenbank
S. 15 links und rechts oben: Schiller-Nationalmuseum, Marbach am Neckar
S. 15 links unten: AKG, Berlin
S. 15 rechts unten: Bibliothèque nationale de France, Paris
S. 16 links oben, 22 unten: Schiller-Nationalmuseum, Marbach am Neckar
S. 16 rechts oben: Musée Carnevalet, Paris
S. 17 oben links, 21: AKG, Berlin
S. 17 oben rechts, 24: Schiller-Nationalmuseum, Marbach am Neckar
S. 17 Mitte, 19: Schiller-Nationalmuseum, Marbach am Neckar
S. 17 unten, 23 oben: Schiller-Nationalmuseum, Marbach am Neckar
S. 17 unten, 23 oben: Schiller-Nationalmuseum, Marbach am Neckar
S. 18: Schiller-Nationalmuseum, Marbach am Neckar
S. 23 unten: Schiller-Nationalmuseum, Marbach am Neckar
S. 25: Schiller-Nationalmuseum, Marbach am Neckar
S. 26 links: BPK, Berlin
S. 32: Schiller-Nationalmuseum, Marbach am Neckar
S. 48: Corel Bilddatenbank
S. 50: Bildarchiv Preußischer Kulturbesitz, Berlin
S. 61: AKG, Berlin
S. 61 links: Landesbildstelle Württemberg

Textquellenverzeichnis

S. 13: Schilleranekdoten. Aus: Das Spiel des Lebens, Anekdoten und kleine Geschichten um Friedrich Schiller dargestellt von Karla König. Schwerin (Petermänken-Verlag) 1955.
S. 14: Peter Lahnstein, Ein Tagesablauf in der Karlsschule. München (List).
S. 21: Der Herzog als Erzieher. Nach: Deutschstunden Lesebuch 8. Berlin (Cornelsen Verlag) 1998, S. 153 f.
S. 24: Otto Werner Förster, Ein Jahr ohne Geldsorgen. Aus: Fritz Schiller, eine biographische Erzählung. Halle (Postreiter Verlag) 1988, S. 93–94.
S. 28: Thomas Mann, Schwere Stunde. Aus: Thomas Mann, Erzählungen Band 1, Frankfurt am Main (Fischer Taschenbuch Verlag) Dezember 1985, S. 282; Lizenzausgabe des S. Fischer Verlages, Frankfurt am Main, © 1966, 1967 by Katia Mann.
S. 35: Lene Voigt, Dr Handschuhk. Aus: SÄK'sche Balladen. Reinbek bei Hamburg (Rowohlt Verlag) 1972, S. 17ff.
S. 66 ff.: Barbara Kindermann, Wilhelm Tell. Berlin (Kindermann Verlag) 1998.

Nicht in allen Fällen war es uns möglich, die Rechteinhaber ausfindig zu machen.
Berechtigte Ansprüche werden im Rahmen der üblichen Vereinbarungen abgegolten.